U0647669

启真馆 出品

启真馆 出品

Theodor

W.

本真性的黑话

评德意志意识形态

[德] 特奥多·阿多尔诺 —— 著

夏凡 —— 译

浙江大学出版社
ZHEJIANG UNIVERSITY PRESS

阿 多 尔 诺 文 集

Adorno

献给 弗雷德·波洛克

于 1964 年 5 月 22 日

建一座神庙，可要比放下一尊偶像容易得多。

——萨缪尔·贝克特，《无名氏》

全书概览 *

---

* 阿多尔诺此著并未分节，更无任何小标题，只有几处空行作为文本段落的分界，故而连目录都无法列出。为方便读者阅读，编译者将其分为八个部分，并对其内容给出一些提示词。仅以此概览代替目录。——中译者注

一

在20世纪20年代初，许多从事哲学、社会学和神学的人计划举行一次会议。他们中的大多数人都曾改变过信仰。他们的共同基础是强调一种新兴的宗教，但不是宗教本身。他们所有人都对那时候仍然统治着大学的唯心主义感到不满。哲学迫使他们自由而自主地选择了克尔恺郭尔所称的那种“实定神学”。然而，他们对具体的教条、救赎的真理内容并不怎么感兴趣，而只在意皈依这一信仰。当时被这个圈子吸引的一位朋友没有接到与会的邀请，这颇令他恼火。他是他们的好朋友，但还不够格跟他们一伙。因为他在克尔恺郭尔的“飞跃”面前踟蹰不前。他怀疑那个用自主思维召唤出来的宗教会屈从于思维，从而否定了自身的绝对性——就其本身的概念性质来说，它想成为绝对。那些团结在一起的人是反知识分子的知识分子。通过排除一个没有宣告他们彼此重复的信条的人，他们确认了在更高层次上的相互理解。他们将所追求的精神和思想层面的东西标记为他们的气质，似乎它提升了那些遵从高级理想之教诲的个人的内在品级，似乎《新约全书》里面没有写下任何反对法利赛人的词句。四十多年后，一位领退休金的主教走出了新教徒的学术会议，只因为一位应邀而来的报告人怀疑宗教音乐在当代的可能性。通过这样对待不听话的人，他觉得自己也被开除了，或者说被警告了：似乎批判思想没有客观基础，纯属主观偏见。他这样的人就把博夏特说的“保持正确”的倾向同拒绝反思自身思想的“恐惧”结合在了一起，就像他们并不完全相信他们自己似的。今天，像过去一样，他们感到了再次失去他们所谓的“具体性”的危险，亦即具体性被他们所怀疑的抽象性所吞噬的危险，尽管抽象性是概念不可避免的。他们觉得，献祭——首先是思想的献祭——似乎预示了具体性。持异议者将这个小圈子命名为“本真派”。

这是《存在与时间》出版之前很久的事情了。通过这一著作，海德格尔在生存本体论的语境中开发了“本真性”，使之成为一个专业的哲学关键词。于是他在哲学中铸造出了理论性较弱的本真派所追求的东西，并且把所有那些对那一哲学有所反感的人都拉到他这一边来了。通过他，宗教信仰的要求便成了多余。由于他的书将 1933 年之前的知识分子的黑暗冲动说成是明智的追求，说那是一种纯粹的义务，从而扩大了他的光环。当然，在海德格尔那里，像在所有追随他的语言的人那里一样，直到今天还可以听到减弱了的神学回声。这些年的神学迷们对这种语言上瘾了，远远超出了当年自诩为精英的那个圈子里的人。尽管如此，本真语言的神圣性属于对本真性的崇拜，而不属于基督教信仰，哪怕因为暂时缺少别的可以膜拜的权威，其语言听起来与基督教很相似。在尚未考虑任何具体内容之前，这一语言就铸造了思想。结果思想便适合了征服的目标，即使在它想抵抗那一目标之处，它也屈服了。绝对性的权威被一个绝对化了的权威推翻了。法西斯主义不仅是一个大阴谋——尽管它确实也是个大阴谋——而且是在强有力的社会发展趋势中产生的。语言为之提供了一个避难所。在这里，一个满腔怒火的魔鬼（Unheil）自称为救赎（Heil）。

在德国，本真性的黑话不仅写在纸上，还被人挂在嘴上。这种语言是社会化的天之骄子的商标，既高贵又亲切：下里巴人和阳春白雪合体了。黑话从哲学和神学（不仅是新教的学院）蔓延到了教育系统，蔓延到业余大学和青年组织，甚至进入了经济和政治的代表人物的高级词典。当披着深刻的人类情感伪装的黑话泛滥之时，黑话就像它正式否定的那个世界一样平庸。其部分原因在于黑话的风靡一时，部分原因在于它单单凭借其性质便自动设置了讯息，而这样一来，黑话恰恰阻碍了它想要唤起的经验所传达的信息。黑话支配了为数不多的若干词语，使其成为能够像信号一般快速接收的词。“本真性”这个词本身倒还不是最突出的例子。它更像是黑话得以繁衍的一种触媒，是暗中滋养黑话的一种思维方式。从一开始，“生存上的”“在决定中”“使命”“呼唤”“照面”“真正的对话”“命题”“关怀”等等词语就成了榜样。能加入这一列表的类似的非术语词汇并不是很多。有些词，比如格林的词典考证过的“关怀”（Anliegen）一词，虽然本雅明还在无罪地使用着它，然而一旦陷入这个“力场”（该词本身也是个好例子），就近墨者黑，完全变色了。因此，重要的事情不是制定一份流行的高贵名词的黑名单，而是审查它们在黑话中的语言功能。这些词并不都是高贵名词。黑话有时甚至捡起一些烂大街的词语，并用法西斯主义的方式将它们奉为座上宾，加官晋爵：法西斯主义狡猾地把平民性和精英主义混合在一起。沉浸于精美雅致之中的新浪漫主义诗人，比如格奥尔格和霍夫曼施塔尔，根本没有用黑话作诗。然而，他们的许多代理人，比如贡多尔夫，反其道而行之。词语只有在它所否认的那个星丛中，只有通过每个词语的与众不同的姿态，才成为黑话的词汇。单个词语失去了的魔力在操控中又失而复得，无论何种操控。个别词语的超越性是第二性的，是工厂发送的现成货色：被说成是调换了太子的狸猫。经验语言的各个成分被牢牢操控，似乎它们是一种真正的、显明的语言的成分。宗教仪式用语的经验接近性让说者和听者都相信了他们的肉身接近性。以太机械地播散开来，原子式的词语换汤不换药。因此，它们实际上比黑话的所谓体系还要来得重要。客观而言，黑话是一个体系，它以去组织化作为其组织原则，即语言本身瓦解为词语。其中的大多数词语在其他的语言星丛中可以照用不误，没有黑话的意思："命题"，在认识论中指的是直言判断；"本真的"——当然已经被人慎用了——作为形容词，意思是"本质的"，以区别于"偶然的"；"非本真的"，暗指一种破坏和违反（本意、诺言、法规）却不适合直接说出来的情形。"传统音乐的无线电广播，即现场演奏的音乐这一范畴，是以一种似乎有点儿，呃，非本真的情感为基础的。"[①] 这里的"非本真的"成了一个批判的词语，用来明确地否定某种仅仅是表象、假象的东西。尽管如此，黑话把本真性及其反面从一切如此透明的语境中抽离了出来。——人们当然不能批评一家公司在拿到定单（Auftrag）时使用"使命"（Auftrag）一词。但那种可能性是狭义和抽象的。任何过分夸大其意义的人，都走向了一种赤裸裸的唯名论的语言学理论，也就是把词语当成了可交换的筹码，并不随着历史变迁。

然而历史确实侵入了每一个词语，把每一个词语扣留在所谓原初意义的发现中，而黑话总是试图追逐那原初意义。是黑话或不是黑话，取决于书写词语的语气是否先验地将它对立于其自身的意思，取决于个别词语装载的意义是否以整个句子、判断乃至思想内容为代价。就此而言，黑话的特征是形式的：它竭力让想要的东西只被远观，让人们不深究其所用词语的内容就全盘接受其陈述。它把语言中的前概念因素，亦即模仿的因素置于其掌控下，以获得预期的有效联系。"命题"想要假装说话者在场，而且他不仅传播着他所讲的内容，

① Theodor W. Adorno, *Der getreue Korrepitor* (Frankfurt,1963), p.218.

同时也赋予那些内容以高贵尊严。如果没有这一说话者的剩余物存在，言说似乎就显得是非本真的了，似乎仅仅强调内容的表达就是在犯罪。黑话的形式特性有助于宣教的目的。任何谙熟黑话的人都不必说出他的想法，甚至不需要真的去思考。黑话替他完成了这一任务，并贬低了思想。本真的，其核心在于，整个人在说话。因此，发生的某件事，黑话本身就把它刻画为“本有”（Sich ereignen）。交往“啪嗒”一声关上了，并追求到了一个真理，但迅速得到集体赞成的“真理”原本是非常可疑的。黑话的语调里有一种算卦先生似的严肃认真，信誓旦旦地愿意跟任何卦象结盟。

黑话的词语既不依赖于概念内容，也独立于上下文，它们听上去似乎说出了一些比它们的意思更高妙的东西：这一事实可以用“灵韵”这个术语来描述。本雅明不是偶然地引入这个术语的，因为按照他本人的理论，他所理解的“灵韵”是经验不可接近的[①]。作为没有神圣内容的圣物，作为冰冻的流出物，本真性的黑话词语是灵韵解体的产物。与之相伴的是一种可以在祛魅世界中使用的不羁，或者用准军事化的现代德语说，是一种时刻待命的（einsatzbereit）不羁。黑话对物化的不断斥责，本身就是物化的。它落入了理查·瓦格纳在反对坏艺术时所定义的“戏剧效果”的窠臼：没有行动者的行动所带来的结果。当圣灵远去，人们说着机械的话语。他们所暗示的秘密，从一开始就不存在的秘密，是公开的秘密。没有秘密的人需要的仅仅是说，仿佛他知道这个秘密而其他人不知道它。表现主义的格言“每个人都被选中”（出自被纳粹杀害了的保罗·科恩菲尔德的一部戏剧作品）

---

① 参见瓦尔特·本雅明，*Schriften I* (Frankfurt, 1955), “Das Kunstwerk im Zeitalter seiner technischen Reproduzier barkeit,” p. 374. 中译本可参见《启迪：本雅明文选》，张旭东、王斑译，生活·读书·新知三联书店，2012 年版，第 239 页。

步陀思妥耶夫斯基的错误撤退之后尘，仅仅有助于被社会发展所威胁和侮辱的小资产阶级获得意识形态上的虚假满足。黑话在精神中和现实中都没有任何发展，这个事实是它的赐福——亦即源始性——之源。尼采活得不够久，没机会对本真性的黑话感到反胃：在 20 世纪的德国，尼采变成了最典型的怨恨现象。尼采的话“臭不可闻”，将在幸福生活的洗浴节中找到用武之地：“星期天真的是从星期六晚上开始的。当手工艺者整理好他的工作室，当家庭主妇把屋子收拾得干净明亮，连大门前的街道也扫得一尘不染，当孩子们也洗好了澡，成年人便洗去了一周的尘垢，彻底擦干净自身，然后穿上准备好的新衣服：当这一切就绪，带着一种乡村的周到与细心，于是人产生了一种极为温暖的休憩感觉。”①

来自不复存在的日常生活的那些表达和情景一直在自吹自擂，似乎它们被某种绝对性赋予了权力和担保，而那绝对性却天威难测。尽管见多识广的人总是对召唤救赎这件事犹豫不决，然而沉迷权威的人却安排好了词语的升天，以超越现实的、有条件的、有争议的领域——他们甚至在印刷文字中也讲着这些词语，仿佛上苍的保佑已经直接跟着那个词来临。“上苍”，有待思考的，却又对立于思想的上苍被黑话损坏了：黑话表现得似乎它“向来”（用它爱说的话说）就占有着上苍。哲学想要的个性——它使得描述成为哲学不可或缺的东西——决定了哲学的全部词语所说的要多于每一个词语。这一特征被黑话利用了。真理对个别词语和命题陈述之意义的“超越”被黑话归属于各个词语本身，似乎词语占有了这种不可改变的超越性，而实际上这种“言外之意”只是通过星丛的中介才得以形成。按照哲学语言

① Otto Friedrich Bollnow, *Neue Geborgenheit* (Stuttgart,1956), p.205.

自身的理念，哲学语言通过它所说的东西在思想链条中的发展而超越了它所说的东西。哲学语言的辩证超越在于真理和思想之间的矛盾意识到了自身，并克服了自身。黑话毁灭性地接管了这一超越性，把它移交给了黑话自身的“啪嗒啪嗒”。这里，词语的任何言外之意、话外之音都被一劳永逸地搞成了表达。辩证法中断了：词与物之间的辩证法中断了，语言内部的辩证法——个别词语与其关系之间的辩证法——也中断了。词语不再被判断，不再被思考，而是将其意义抛在脑后。这样一来，上述“言外之意”的现实就被建构好了；而这就是对神秘的语言思辨的嘲讽：黑话毫无根据地以其纯朴为荣，很小心地不去回忆那一语言思辨。黑话模糊了语言品味的“言外之意”和这个“言外之意”的自在存在之间的差异。伪善成了先验，此地此时所讲的日常语言似乎成了神圣的语言。凡俗的语言只有远离神圣的声音，而不是试图模仿神圣的声音，才能够接近神圣的语言。黑话亵渎性地逾越了这条规则。当它给经验的词语披上了灵韵，便严重夸大了哲学的普遍概念和观念（例如存在概念），以至于这些概念的本质——亦即思维主体的中介作用——彻底消失于彩色涂料之下：这些术语装扮成最具体的东西，诱惑着我们。先验和具体闪闪发光。两可是语言的某种姿态的媒介，这种姿态遭到了它所钟爱的哲学的诅咒。[①]

然而，浮夸不打自招地揭露了虚假。在长期的分居之后，某个人写道，他得到了生存论上的安全；需要停下来想一想，才知道他说的是他足够谨慎地处理了他的财务。国际会议中心——不论这些会议有

① 马丁 · 海德格尔，《存在与时间》，陈嘉映、王庆节合译，熊伟校，陈嘉映修订，生活 · 读书 · 新知三联书店，2006 年版，第 201 页。（为方便读者，本书凡引用海德格尔《存在与时间》之处，均标注此中文译本的页码，原德文版和英译本页码不再标注。——中译者注）

何用处——被称为“照面之家”；看得见的房子，“牢固地建基于大地上”，被那些集会变成了圣地。也就是说，房子高于会谈，因为它们处于生存着的、活生生的人之间，尽管这些人正忙于会谈，而且只要他们不自杀，他们几乎没有任何超越生存的可能性。人和他的伙伴的关系应该比任何内容都更重要，为此目的，黑话满足于青年运动那拙劣的共同体情结，它审查着事物，不允许它们超出说话者鼻子的可触范围或者超出人（近来所谓的“伙伴”）的能力。黑话把参与导向了固定的机构，并增强了最底层的说话者的自尊：他们已经很了不起了，因为他们的体内“有人”在说着话，哪怕那个“有人”是“乌有”。

回荡在黑话中的命令，亦即“思想不应太费力”（因为否则就要冒犯共同体）这一指令，也成为这些人高人一等的证明。这就压制了一个事实，也就是说，具有普遍性和客观性的语言本身已经否定了整体的人，否定了正在讲话的单个主体。语言的第一个代价正是个人的特殊存在。然而，通过整体的人在讲话而不是思想在讲话的表象，黑话这种“现成在手”的传播方式就假装出一副免遭残暴的大众传播之伤害的模样；恰恰是这一点才使它得到了人们的热情迎接。任何站在言语背后的人，摆出一副那些词语的样子的人，都不会被人怀疑他此刻居心叵测：他为别人说话，是为了向他们推销什么东西。一旦说某个命题为“真”，那么“命题”一词便终于获得了它不在作案现场的证明。通过它的特权，它想要让那个“为别人”获得一种自在的可靠性。在所有传播存在之处，这些比传播更好。因为被捧上了天的（verhimmelte）人，不久之前刚刚发明了“敢死队”（Himmelfahrtkommando）一词的人，既是黑话的存在基础，也是命题的陈述对象；区分这两者已经变得不可能了。因为“有效”这个属性常常贴在“命题”上面。其理由显然在于，支持“经验”这个词提出的要求的那些人已经再也经验不到该词所坚决要求的东西了。它需要一个高音喇叭。“命题”想要宣布的是：说出来的东西来自说话者的内心深处，它已经祛除了肤浅思维的魔咒。可是，与此同时，传播的无序也偷偷混入了命题之中。有人在说话，多亏了“命题”这个崇高的词语，他说的话将成为真理的标志——就好像人不会被骗似的，就好像人不会成为赤裸裸的胡说八道的牺牲品似的。在任何变成谎言的内容之前，这一转换已经在这种命题刚刚想要存在之际就指控它是谎言。命题之所以认为听众会从中得到些什么，是由于它的主观可信度。不过，后一属性是从商品世界借来的。消费者的要求使得精神也必须符合消费者的愿望，而违反精神自身的概念——按照精神自身的标准行事。对精神的这一告诫默默地主宰了黑话的总体氛围。据说，只需动口安慰，无需动手干预，纯粹的精神就能够满足一切真实的和所谓的求助。关于命题的空谈是对沉默的意识形态补充，现状将沉默强加于那些无力改变现状的人，而他们的要求从一开始就是空洞的。对现状的一切批判都被立场坚定的德国人贬低为“毫无陈述价值”。至少，命题已经被用作攻击新艺术的棍棒。那种艺术抵抗着传统的可交流的意义，从而遭到了审美意识没能跟上它的那些人的居高临下的谴责。如果某人说某个命题是“有效的”，那么他就可以把无论在什么条件下成立的东西、无论什么被官方盖过章的东西都归类到“形而上学认证过的”。这句套话让人免除了思考一直如影随形的形而上学的麻烦，免除了思考命题所陈述的一切内容的麻烦。出现在海德格尔那里的“命题”概念和“此”（Da）的构成一样无足挂齿。[1]

① 马丁 · 海德格尔，《存在与时间》，第 180 页。

藏在黑话背后的是将“我与你的关系”当作真理之处所的论断，它抹黑真理的客观性，斥之为物性，并偷偷地给非理性主义加热。作为这样一种关系，传播变成了超心理学的要素，尽管它只有通过传播内容的客观性才有可能如此。最终，愚蠢成了形而上学的缔造者。自从马丁·布伯把克尔恺郭尔的生存概念从克尔恺郭尔的基督学那里割裂出来，并将它美化为一种纯粹的姿态，就有了一种把形而上学内容和所谓“我与你的关系”联系起来的普遍倾向。这一内容指的是生活的直接性。神学与内在性的规定密切相关，而内在性想要通过神学来获得更多的意义：因此这些规定实际上已经类似于黑话的词语了。在这一过程中，被抹掉的是自然界和超自然界之间的界限。谦虚的本真派敬畏地仰望着死亡，然而他们迷恋生命的精神态度却对死亡避而不谈。神学的锋芒被去除了，而没有了锋芒，救赎是无法设想的。按照神学的概念，凡自然之物在经历死亡的时候没有不变形的，人与人的关系里不存在此时此地的永恒性，人与上帝的关系里——一种似乎是拍肩膀的关系——肯定也不存在。布伯式的存在主义从“人与人的自发关系不能被还原为物与物的关系”这一事实中提取出了它的超越性，这是一种颠倒的存在类比（analogia entis）。它仍然属于生命哲学，尽管它放弃了它的这个思想史起源：它把尘世的动力学抬高到天国里去了。因此在黑话里，超越性最终接近了人：它是精神的武利策管风琴（Wurlitzer-Orgel）。黑话里一定写着类似于赫胥黎的《美丽新世界》的布道词，并将它灌制为唱片，一旦有需要就可以播放：假如具有高度的社会心理学可能性的“反叛的大众”想要再聚众闹事的话，就得通过一种按部就班的激情，让他们回归理性。为了广告的目的，武利策管风琴机械地把机器制造的声音强加于颤奏，从而把音乐中表现主观情感的颤奏给人性化了。黑话同样给人提供了人的存在的模板，这些模板使他们去除了不自由的劳动，哪怕自由劳动的痕迹实际上荡然无存。海德格尔确立了反对人、反对闲谈的本真性，然而他也清醒地认识到，他讨论的两种生存类型之间根本不存在一种彻底的跳跃，因为两种生存类型自身的动力学将使双方汇聚到一起。但是他也没有预见到，一旦被他命名为本真性的东西变成了一个词语，便生长出了交换社会的那种匿名性，而那恰恰是《存在与时间》所抵抗的东西。在海德格尔的闲谈现象学中赢得了名誉席位的黑话，顾名思义，标志着不同寻常的、较高级的感知能力，但黑话也平息了对无根基状态的日益高涨的怀疑。

从事所谓“精神劳动”的职业群体同时也是被雇用的、不独立自主的群体，或者说是经济上的弱势群体，而黑话成了这个群体的职业病。在该群体中，除了一般的社会功能，还附加了一种特殊的功能。按照社会分工，精神是他们的活动领域，然后他们的文化和意识远远落后于精神，无法亦步亦趋，只能望其项背，在精神后面老远的地方一瘸一拐地走着。他们渴望用黑话来消除这一距离，让自己跻身于高雅文化之列（对他们来说，滞销货听起来依然时髦），仿佛高雅是他们自身的本质那样。他们当中较为天真的那些人还是会把勤奋（das unverdrossen）——套用一个手工艺行业的表达，黑话可没少从手工艺里面偷师——称为个人的特点。黑话的刻板成见为主体的活动上了保险。它们似乎保证了个人并没有在做他正在做的事情：和人群一起咩咩叫；使用这些黑话的人误以为他自己是个与众不同的自由人。自主性的表面姿态取代了自主性的内容。夸张的是，这被叫作“义务”，完全驴唇不对马嘴。伪个性化在文化工业中所操心的事，也正是黑话在蔑视文化工业的人那里操心的事。这是不断发展的半文化的德国症状。半文化似乎是为那些觉得自己被历史审判了（或者至少觉得自己在堕落）的人量身定做的，但那些人仍然傲视群侪，自以为是内部的精英。不可因为写黑话的仅仅是一个小群体，便低估这一黑话的重要性。现实生活中有无数人在讲黑话，从考试中继续论述“本真的照面”的学生，到问出“你相信上帝向我们说的仅仅是理性吗？”的主教发言人。这些直接的语言是他们从一位发布者那里接收来的。1945年，在浮士德博士的学生在奥尔巴赫的酒窖里的神学对话中，托马斯·曼以其精确的讽刺直觉到了现代德国人的大多数习惯，尽管他不再有多少机会观察他们。这些对话模式肯定在1933年之前就初露端倪，但只有在战后，在纳粹语言废弃之后，黑话才能够遍地开花。从那以后，最亲密的交流发生在书面语和口头语之间。人们能够阅读印刷出来的黑话，这些黑话无疑是在模仿广播的声音，而广播却照着本真性的书面作品依样画葫芦。中介性和直接性以可怕的方式互为中介。既然它们是一体合成的，经过中介的东西就成了自然事物的讽刺漫画。黑话不再知道任何初级群体和次级群体，也不知道任何党派。这一发展有其现实基础。1930年，克拉考尔把“规范和心理的上层建筑”诊断为一种雇员文化，面临着失业危险的“立领无产阶级”的文化；那一上层建筑欺骗雇员们相信他们是出类拔萃的。通过这一欺骗，上层建筑使他们听命于资产阶级，而与此同时，多亏了市场的持续繁荣，那一上层建筑成了社会的普遍意识形态，这个社会误认为自身是统一的中产阶级。他们用同一种方式说话，以确认这种态度：黑话的风靡一时是因为它迎合了这种集体自恋的目的。这不仅仅适用于说黑话的人，也适用于客观精神。通过一种起源于资产阶级的特殊性，一种被普遍性认证了的特殊性，黑话确认了普遍性的可靠性：它那合乎规定的挑剔声音似乎来自某个人本身。最大的好处是它保证了声誉。无论它说什么，它的声音、它的震动都完全一样地签署了一份社会契约。面对存在者时的敬畏，对似乎多于存在的“此”的敬畏，打倒了一切不服从的人。理解已经给了人：发生的事件（本有）是如此深刻，以至于语言也亵渎了所说的话，因为把它说了出来。纯洁的手从“改变现有所有制关系和统治关系”的想法那里缩回来了，它的声音使得那种想法是可鄙的，用海德格尔的话说，仅仅是存在者层面上的。人们可以信赖任何操持黑话的人；人们把黑话穿在纽扣眼儿里，代替了现在十分可疑的党徽。纯洁的语调自实证性中滴落，而无需屈尊恳求那些有前科的祸害；人甚至亲自摆脱了长期被社会化的意识形态嫌疑。在黑话中，法西斯主义曾用来取消批判思想的“破坏性和建设性之间的区分”舒舒服服地冬眠了。存在于此，这本身就是事物的价值所在了。它得到了“实定的”（positiv）一词的双重保障：这个词既指“存在于此的”“给定的”，又指某种“值得肯定的”“积极的”东西。生活经验被物化为“积极的”（positiv）和“消极的”（negativ），似乎无需任何考虑便能够运用这两个规定，似乎不是思想才规定了什么是积极的或消极的，似乎这些规定的过程本身并非否定的（negativ）过程。黑话将一种德国倾向给世俗化了：德国人倾向于把人和宗教的实证关系视为一种直接的积极关系，哪怕宗教已经瓦解并暴露出虚假性。社会是理性化了，可是非理性一点儿也没减少，还怂恿着人们把宗教抬举为自在的目的，而不考虑其内容——也就是说，把宗教视为主体的一种态度，最终是主体的一种性质。所有这一切都是以宗教本身为代价的。人只需成为信徒，而不管他信仰什么。这种非理性所起的作用是和泥灰一样的。本真性的黑话用一种拉丁文课本的幼稚方式继承了这种非理性：那课本歌颂“爱祖国”本身，歌颂“我们爱祖国”（viri patriae amantes），哪怕祖国已经充满了最残酷的暴行。松内曼把这一现象描述为“无法去掉那种友善态度：不惜一切代价也要维护'秩序'，哪怕秩序中的一切事物已经混乱失序。什么叫事物？按照命题的逻辑，事物只是偶然的存在，但实际上它们却有了一种令人吃惊的本质性；'有毒的废气'、'强制的禁忌'、'不诚实'、'怨恨'、'全方面的隐性歇斯底里'。秩序的秩序性还剩下何物？显然，首先需要的是把秩序建立起来"[①]。友善和偏见是同一个东西。积极的、健全的东西复制了灾难的魔咒。通过婚姻的要约，黑话把小资产阶级引向了一种对生活的肯定态度。它高调地要求着无数使生活变得吸引人的事情，否则人就会厌倦生活，就会立刻觉得生活不堪忍受。宗教上了主体的身，变成了宗教性：这是历史的大势所趋。然而，在世俗社会中，宗教性的死细胞是有害的。古代的力量（在尼采看来，它养育了万物）非但没有彻底进入世俗，反而不加反思地保留了下来，并且把它对反思的限制提升为一种美德。

从雅斯贝斯开始，所有的黑话专家都一致赞美实定性。只有谨慎的海德格尔不曾过于明确地为肯定而肯定，但他间接地缴纳了他的份子钱，他对此是热切而真诚的。雅斯贝斯没羞没臊地写道："实际上，只有经历过实定性——即在任何情况下都仅仅通过义务而拥有的东西，人才能活在世界上。"[②] 他又补充道："只有自由地承担义务的人，才能防止他自己的怀疑的反叛。"[③] 他的存在哲学确实如其庇护圣人马克斯·韦伯那样自豪地站着，毫无幻灭感。尽管如此，他对宗教仍很感兴趣，不管是什么宗教。只要是搞得到手的宗教，他都感兴趣，因为宗教保证了所要求的义务。或者，也许只是因为宗教存在着，所以

---

① Ulrich Sonnemann, *Das Land der unbegrenzten Zumutbarkeiten* (Reinbek bei Hamburg, 1963), pp.196ff.

② Karl Jaspers, *Die geistige Situation der Zeit*, 5th ed. (Berlin, 1947), pp.169ff.

③ *Ibid.*

就不管它是否符合“哲学自律”的观念了。雅斯贝斯把“哲学自律”作为敝帚自珍的特权：“对任何以这种信仰形式而忠于超越性的人，都不应该予以打击，只要他没有变得不宽容。因为在信仰者的身上只会发生毁灭；也许他并不拒斥哲学思考，也能承担起与人的生存须臾不可分离的怀疑之重荷。然而他始终以历史性存在的实定性为指南和准则，这使得他不可替代地回到了他自己的信仰。对这些可能性，我们不再赘言。”[①] 当自律的思想仍然自信它能成为人类的现实的时候，它就没那么仁慈了。与此同时，哲学家越少中哲学的毒，就越大方地把猫放出了袋子——大哲学家们像命运女神一般编织的袋子。博尔诺的句子这样叫嚣：“因此诗歌特别有意义，尤其是近年来的抒情诗。在悲惨的经验过后，开始出现了一种新的情感，对存在的肯定感。它是与人的本己生存（如其所是）的一种欢乐而感恩的和谐，同这个与人照面的世界的和谐。其中有两位诗人的名字是特别值得注意的：里尔克和贝根格林。贝根格林的最后一卷诗歌《神圣的世界》（慕尼黑，1950 年版，第 272 页）以信仰作结尾：‘一切痛苦都将消逝，而我只听见赞美诗。’换言之，这是对生存充满感激的赞同。肯定不能批评贝根格林是一位廉价乐观主义的诗人。而他在这种深厚的感激之情中接近了里尔克，里尔克在其诗歌的结尾说：‘万物呼吸且感激。哦你这夜的烦恼，为何沉寂无踪迹。’”[②] 贝根格林的书出版之前仅仅几年，没有被毒气彻底灭绝的犹太人还过着水深火热的生活，他们在水深火热中恢复了意识并发出了叫喊。诗人，一位肯定不能被批评为廉价乐观主义的诗人，以及评价他的那位有哲学思想的教育家，却只听见赞美诗。“我们把人的这种内在状态初步定义为信赖感。于是，提出了

① Karl Jaspers, *Die geistige Situation der Zeit*, pp.127ff.

② Bollnow, *Neue Geborgenheit*, pp.26ff.

一项任务：考察这一灵魂状态的性质，以发掘其可能性。"[①] 这项任务太可笑了，它甚至无法缓解我们面对恐怖时的焦虑，而博尔诺为这一任务找到了最合适的名字：相信存在（Seinsgläubigkeit）[②]；对存在的信仰，这个名字让我们想起了对德国的信仰（Deutschgläubigkeit），当然这纯属巧合。一旦获得了对存在的信仰，就没有什么能够阻止我们获得"与世界和生活的肯定关系"[③]和"克服存在主义的建设性工作"[④]了。清除了生存论的自吹自擂，就只剩下若干没有宗教内容的宗教习俗；不仅没有认识到，崇拜的形式，作为民俗的对象，就像空壳那样比它们的神秘内核活得更久，反而借助黑话之力，为这一事态辩解。这一切不仅侮辱了思想，也侮辱了宗教。宗教曾经是人对永恒幸福的许诺，如今的本真性却满足于跟着一个"最终的健全世界"[⑤]投降归顺："为了术语的方便，下面我们可以区分出这两种形式，一是有确定内容的希望，二是只有不确定内容的希望；简言之，相对的希望和绝对的希望。"[⑥] 这一令人遗憾的概念分裂也适用于"生存的关切"（Daseinsfürsorge）。对信徒来说，他在某个特定时刻到底应该坚持哪一个概念，其实无关紧要。他歌颂它，说这就是他的正能量。无论这个人认为他自己属于低层文化、中层文化还是高层文化，他都能够认为那一"健全"指的是灵魂的健全或正当的生活，或者是一块尚未被工业社会接管的飞地，或者就是尼采和启蒙运动都不曾听说过的地方，或者是女孩子没有婚前性行为的那种贞洁状况。我们不

---

① Bollnow, *Neue Geborgenheit*, p.51.

② *Ibid.*, p.57.

③ *Ibid.*, p.61.

④ *Ibid.*

⑤ *Ibid.*, p.63.

⑥ *Ibid.*, p.100.

要用同样老掉牙的“危险生活”来反对“安全”这个关键词；在这个可怕的世界上，谁不想无忧无虑地活着？然而安全这一生存上的观念从某种被渴望和被否弃的状态变成了此时此地的现实，似乎它并不依赖于那些阻止其存在的因素。在这个词语的可耻背叛中，它脱离了它的轨迹：对庇护和友邻的记忆被掺杂到短视的特殊性要素之中，这一特殊性使得无人能幸免的灾难变本加厉。家，只有从这种特殊性中解放出来之后，只有将自身扬弃为普遍性之后，才会真正来临。安全感使得它与自身如居家一般和睦相处，并且用假日旅游胜地取代了生活。在观光客用一句“真美啊！”大煞风景的时刻，风景变得更丑了。对于风俗、习惯、陈设来说也是一样，如果只强调其素朴，而不去改变它们，就把它们贱卖了。关于安全的所有言论都被科贡（Kogon）的报告驳斥了：集中营里最残酷的暴行是由农夫的年轻的儿子们干的。这个国家的普遍状况是安全感的模板，但它将它的不肖子孙推向了野蛮。黑话的逻辑常常把一些有限性偷偷塞到实定性的伪装下面，最终甚至把物质匮乏的状况也偷偷塞进来了，然后就追求其永恒存在——可是，按照人类取得的成就，这一有限性真的没有存在的必要了。造成了这一局限性的精神把自身物化为社会弊病的走狗。

二

然而，在本真性的等级制的高端，连否定性也在效力。海德格尔甚至要求使用在低端被列为禁忌的毁灭概念，要求征用“烦”、“畏”、“死”的黑暗。雅斯贝斯偶尔会高声地对博尔诺的安全观唱反调：“今天的哲学是那些自觉地不受宗教庇护的人的唯一可能性。”[①]尽管如此，肯定的方面就像个不倒翁一样，是无法推翻的。危险、风险、冒险以及与这一切相关的颤栗，并没有走得很远。有一种本真性的元语言曾评论说，救赎之光又闪耀在陀思妥耶夫斯基的地狱的最内核中了。对此可以回应说：那就不是地狱了，而是一段太短的铁路隧道。本真派的有些代表人物也像教区牧师那样不太乐意地说这种话，他们说他们更愿意得到一个燃烧的地球。他们并不比社会心理学聪明：社会心理学业已注意到，否定的判断要比肯定的判断更容易得到确证，无论其内容如何[②]。虚无主义变成了闹剧，变成了纯粹的方法，就像笛卡儿的怀疑那样。问题——黑话爱用的道具——越是忠诚地奔向了毫不激进的答案，听上去就必须越激进。以下是来自雅斯贝斯的一个基本范例：“如果存在哲学依然相信自己知道人是什么，那么就会立即误入歧途。它就会再一次给我们描述对人和动物的生命的研究纲领，它就

---

① Jaspers, *Die geistige Situation*, p.128.

② 参见 Gruppenexperiment, *Frankfurter Beiträge zur Soziologie* (Frankfurt, 1955), II, pp.482ff.

会再度沦为人类学、心理学、社会学。只有在它的对象没有被确定下来的时候，它的意义才是可能的。它唤醒了它不知道的东西，它阐明着，推动着，但它并非固定不变。对于在路上的人而言，这一哲学是他赖以找到自身内心之方向的表达，是捍卫他的巅峰时刻的手段，这样一来，他才能够毕其一生之力来实现它。”[①]“对存在的洞察没有最终结论，因为它并没有任何对象。”[②]确实如此。关怀的语气有碰壁的危险：任何回答都不够严肃；无论其内容如何，任何答案都不过是一种有限的对象化，经不起推敲。但是这种无悔的顽抗带来了友好的结果，人再也不把他自己钉在一个地方了，世界全都是运动的了。从莱辛到克尔恺郭尔，旧式的清教信仰——荒诞的、建基于主体的信仰——已经转向了存在的激情，以对立于主体异化的、凝固的结果。这一激情与对实证科学的批判结成了战略伙伴：按照克尔恺郭尔的观点，主体从科学里消失了。以任何可能的回答为代价，激进的问题本身成了最本质的东西。没有危险的冒险。只有工作经验和收入的差异才是决定人是否安全的因素。然而，只要加入了大合唱，就连那些不安全的人，那些必须冒险前进的人，也都安全了。于是有了海因茨·施维茨克的大放厥词，他在《关于电视的三个基本观点》中说：“布道的情况则完全不同。这里，牧师可以宣讲他的教义长达十分钟以上，在一个不变的特写镜头下，他可以用生存状态中的方式来充分表现他的内心。多亏了他散发出的高贵而仁慈的信仰力量，不仅他的言语因为他的图像呈现而变得十分可信，就连听众也完全忘记了媒介设备。在电视荧屏前，就像在神的庙堂里一样，形成了一个由偶然的观众组成的‘教区’，这些观众觉得他们仿佛和讲话人面对面，并且

---

① Jaspers, *Die geistige Situation*, p.146.

② *Ibid.*, p.147.

通过他感到自己对他的布道内容（即上帝的话）负有义务。只能用讲话人的极度重要性来解释这一令人惊讶的事件了，他有足够的胆量和气度将自己的全部内容和生存都投身于裂缝中，并且只为他所代表的事情服务，只为他知道能听到他讲话的听众服务。”[①] 这是本真性的臭气熏天的商业广告。布道者的“道”（Wort）——好像他的言语毫无疑问就是上帝的“道”——不是被他的“图像呈现”证实的，证实它的充其量不过是支持其陈述可信度的那些值得信任的举止。如果因为牧师的外表，人们就忘记了媒介设备，那么本真性的黑话将乐享其成地把自己托付给“好像”：通过舞台布景，礼拜活动的此时此地性被模仿了——由于礼拜无所不在，所以在电视上是取消了这一活动的。但是，对于牧师公开传教时的那种生存状态中的方式，亦即“在一个不变的特写镜头下”充分表现他的内心，我们只需要理解一个显而易见的事实就够了：牧师没有别的选择，他只好被投射为荧屏上的一个活生生的人，也许这样还能获得许多人的共鸣。至于他到底有没有形成一个荧屏前的社区，无从稽考。而他将自己的全部内容和生存都投身于裂缝中的这种说法是从风险领域移植过来的。因为在电视上谈“为什么对我来说教堂太狭小了”的布道者几乎没有任何风险：无论是外在矛盾的风险，还是内在必然性的风险。如果被夹在射灯和话筒之间的他确实不得不忍受着诱惑的煎熬，那么黑话早就等着为他的生存论建构献上赞美之辞了。大笔一挥，否定性的用益权就被转让给了实定性：实定的否定性温暖人心。这些黑暗的词语是神圣的，就像博尔诺的洗浴星期天话语那样神圣，就像悲惨的长号声那样近乎欢悦。黑话不仅利用了“实定的”一词的双重含义，它也利用了“形而

---

① Heinz Schwitzke, “Drei Grundthesen zum Fernsehen,” in *Rundfunk und Fernsehen*, II(1953), pp.11ff.

上学”一词的双重含义，也就是说，这要看使用“形而上学”这个词的人是偏爱虚无还是存在了。一方面，形而上学指的是和形而上学论题相关的内容，即使是反对形而上学的内容；但另一方面，它指的是一种肯定超感官世界的学说，以柏拉图的学说为典范。在这一转换中，形而上学的需要——很久之前就在诺瓦利斯的《论基督性或欧洲》(《基督世界或欧洲》) 中为人所知的那种精神状态，或是青年卢卡奇所说的“先验的无家可归”——降格为文化财富。自从克尔恺郭尔的神学解放，神圣性一方面从僵化的教义中解放出来了，另一方面却又被不自觉地世俗化了。贪得无厌地消除神圣性中的神话要素，就会以一种神秘的异教方式把神圣性转交给任何与神圣性有关的人，而不问内里的关联究竟如何；而且，这种消除了神话要素的神圣性仍然会在深刻发问的姿态面前颤栗。于是，自由神学突然复活了：因为内容仅仅存在于关系之中，所以作为“绝对的差异”的另一极不但丧失了任何规定，还反咬一口说任何规定都是对象化的污点。彻底的消除神话便将超越性彻底降格为抽象性，降格为概念。受到蒙昧主义者谴责的“启蒙”在他们的思想中取得了胜利。然而，在精神的同一个运动中，主体的设定权力遮蔽了它自身，并召唤出一切辩证神学固有的神话。那一主体权力的最高价值，亦即“绝对的差异”，是盲目的。在强制下，人赞美义务，而不是跳进思辨中，尽管只有思辨才能向激进的质疑者证明他们的义务。他们和思辨的关系是一笔糊涂账。人需要思辨，是为了深刻；人羞于思辨，是因为它的理性。人宁可把它留给心灵导师。其他人则坦承他们的无根基状态，以便为现货供应的救赎树碑立传——据说，面对所能想到的任何极度危险，这一救赎都会成功。然而，一旦思想拒绝从一开始就支持那些在本真性中无法避免的义务（就像电影无法避免大团圆结局那样），那么除了无根据的思，他们将一无所获。如果不是大团圆结尾，那么在生存论的本真派那里，存在主义就笑不出来了："只有针对这一背景，生存伦理的全部伟大意义才能昭然若揭。它在现代的历史相对主义的基础上再度实现了一种至关重要的道德立场。恰恰在这个意义上，危险是既定的；这一危险在于可能把它表达为一种生存论上的冒险主义。如果冒险变成了不受其内容制约的绝对，如果对冒险的忠诚缺少持续性和稳定性，那么冒险者就会为冒险而冒险，把冒险本身当作最终的、最崇高的快乐。正是在这种及时行乐的绝对状态中，存在主义者受到了不忠不义的诱惑。"①

所有这些词语都来自语言，来自它们抢来的语言，身体的香味（并非隐喻）；只不过在黑话里，它们被神不知鬼不觉地精神化了。这样一来，它们就避免了它们一直念叨的那种危险。黑话越是想尊崇它的日常世界——仿佛在嘲笑克尔恺郭尔想要的"崇高与乏味相结合"——就越是沮丧地玩起了文字游戏："海德格尔最后的评论指向了居住对人的整个生存的基本意义，在这一评论中，他关注了'居住的需要'（wohnungnot），并视之为我们时代最大的难题之一，他在这儿说'真正的居住需要（not des wohnens）首先并不在于住房的短缺'，尽管这一需要也不能轻视；在这一需要背后隐藏着更深层次的需要，人丧失了自己的本质，因而无法安居。'真正的居住需要在于，有死者……必须首先学会栖居（das wohnen）。'学会栖居，这就意味着：理解这一必要性，也就是说，面对威胁，人应该为自己造出庇护的空间，并且抱着信赖感安居于内。然而，以一种威胁着人的方式，这一安居的可能性仍然同住房的可得性相关。"② 安全的庇护空间的存在仅

---

① Bollnow, *Neue Geborgenheit*, pp.37ff.

② *Ibid.*, p.170.

仅来自人"为自己造出"这样一种空间的必要性。在势不可挡的黑话运作中，语言的草率就像刑讯逼供那样，将本体论上的"安全"剥夺为一个纯粹的设定。然而，居住需要的文字游戏所宣告的东西，远比生存上的严肃姿态更为严肃：那是对失业的恐惧，它潜伏在发达资本主义国家所有公民的内心，甚至在充分就业的繁荣时期也依然存在，它遭到行政管理的围追堵截，并因此被钉在柏拉图的星空中。任何人都心里有数，只要还是为生产而生产，那么随着技术的发展，他是随时可能被扔掉的，所以任何人都觉得他的工作朝不保夕，只不过是一种隐性的失业后备军，是维持现状的社会总生产所需要的一个任意的、可撤销的分支[①]。理论上，没拿到终生保障的人可能明天就被炒鱿鱼了；人口的迁徙可以继续完成独裁者此前推动过并导致了奥斯维辛的事情。畏，被匆匆忙忙地区分于内心世界的"害怕"，但它根本不是一种生存上的价值。既然畏是历史性的，那么它其实出现在那些被社会奴役的人身上：这个社会是社会化的，却充满了最深刻的内在矛盾，始终觉得它面临着该社会之基础的威胁；人们感受到了威胁，却无法将这一来自社会总体的威胁具体化。在新安全中，失去社会地位的人仍然粗鲁地反抗着，他知道他能拿走什么。一方面，他没有什么可以失去；另一方面，今天的行政管理世界仍然尊重资产阶级社会的让步机制，也就是说，社会为了其利益，没有无所不用其极，而是突然停止清洗它的成员了，这是因为在经济的宏观规划中暂且使用了延期的手段。于是，雅斯贝斯说的"生存的关切"（Daseinsfürsorge）和行政管理下的"社会福利"（Sozialfürsorge）扯上了关系。在社会的基础上，黑话将完全的否定性翻转为积极的、肯定的东西，我们有理由怀疑这一翻转乃是惊慌失措的意识的强颜欢笑。就连我们因意义缺

① 参见 Theodor W. Adorno, *Eingriffe: Neun kritische Modelle* (Frankfurt, 1963), p.137.

失而感到的那种廉价的痛苦，一种早就被自动化为套话的痛苦，也不像故意的抹黑所描述的那样，仅仅是通过启蒙的综合运动而形成的虚无。哪怕在毫无争议的国教时期，也有厌世的报道；教会的神父们对此津津乐道，就像黑话所转述和杜撰的尼采对现代虚无主义的判断那样——黑话已经同时超出了尼采和虚无主义，它们的尼采概念是头足颠倒的。在社会上，无意义的感觉是从劳动中解放出来之后的一种反应：在持续的社会不自由状况下，许多劳动被废除了，然而主体的自由时间并没有让他们得到他们心底想要的自由，而是把他们永远束缚在同一个东西上，即生产制度上，哪怕这个制度给了他们一个假期。随着这一情形，他们被迫比较各种表面的可能性，而随着意识的日益封闭，他们变得越来越不知所措；意识就像社会那样，对“可能的自由”的想象网开一面，让其通过。与此同时，晚期资产阶级的现实困境，亦即灭亡的永恒威胁，也被意识吸收进无意义的感觉里去了。意识把它所恐惧的东西翻转了一下，使得威胁似乎成了意识生来就有的一部分，于是意识就削弱了人再也无法理解的威胁。各种各样的意义似乎都无力对抗灾难，而灾难根本就没有任何意义，对意义的保证甚至是在宣扬灾难——凡此种种，皆被记录为形而上学内容的贫乏，尤其是跟宗教义务和社会义务有关的形而上学内容。这一翻转采用了文化批判的方式，其中常常掺杂着本真派的猥琐气质，而其虚假性逐渐在一个特殊的事实中暴露出来：过去的时代，无论你喜欢哪个时代，从毕德迈耶尔派（Biedermeier）到贝拉斯基族（Pelasgic），似乎都是有内在意义的时代。这一翻转符合一种在政治上和社会上开历史倒车的倾向，也就是用最有权力的宗派的行政管理手段来结束这个依然显得过于开放的社会所固有的动力学。因为现有的社会形式预料到这一动力学已无法行善，所以它顽固地拒绝看到如下事实：社会提供的药方本身正是它所恐惧的恶。这一盲目性在海德格尔那里达到了顶峰。他机智地用救赎的预言来点缀对一种非浪漫主义的、不可收买的纯洁性的吁求，从而使得该吁求本身就成了这种纯洁性。《马哈哥尼》的主人公加入了对世界的哭诉，在这个世界上，人已经没有什么可以遵循的了。在海德格尔那里，正如在写教育剧的布莱希特那里，哭诉之后就宣布了救赎的强制令。没有什么可遵循，这恰恰反映了其对立面，即不自由。只因为人类未能完成自我规定，于是它通过其他事物来寻找规定：一种无法被辩证法的运动触及的事物。为了对比，本真派习惯于将所谓“人的虚无”的人类学状况涂改为祛魅世界的不可避免的不幸结果：然而，这一状况是可以改变的。对某种完满的期盼是可以实现的，只要它不再放弃；它当然不是通过灌输一种精神上的意义或者仅仅用词语的替代品来实现的。社会状况在本质上是为了再生产自身而驯养人的，一旦强制失去了外在力量，就会蔓延到社会的心理学之中。幸亏有了自诩为总体性的自我保存，人的存在再次成为目的（好死不如赖活着）。说不定，随着这一荒诞，无意义的表象、（有热心人作保的）主体的虚无、孤独（每个人都是他自己的邻居）的阴影也会消失呢。如果说，从来没有哪种形而上学思想不是经验元素的星丛，那么在现在的个例中，形而上学携带着的经验完全被思维的一种习惯减弱了：经验被升华为形而上学的痛苦，从而与现实的痛苦分离，尽管形而上学的痛苦是从现实的痛苦中产生的。黑话的恨意直接针对这一意识。“仇恨与赞颂里的露骨的野蛮，不但统治着人的存在，也找到了一些思想体系作为其表达。在精神分析中，野蛮表现为一味寻求生存的满足；在人种学中，野蛮表现为想比别人强……没有社会学，就不能实行任何政策。没有心理学，人就不会在和自身、和他人的交往中成为混乱的主宰。没有人类学，我们就会丧失对黑暗基础的意识，而我们在那里表现为我们自己……任何社会学都不能说出我想要的命运是什么，任何心理学都不能说明我是什么，人的本真存在并不是作为物种来培养。这一切都是可行的计划和行动的界限。马克思主义觉得它发现了一切精神的存在皆是上层建筑，精神分析觉得一切精神存在都是被压抑的驱力的升华，还被叫作文化的东西就变成了一种强迫症。人种学造成了一种没有任何希望存在的历史观。否定的物竞天择将很快导致本真的人类的毁灭；或者说，人的本质在于通过这一过程，在人种的混合中产生一种最高的可能性，为的是在几个世纪的混合过程之后，将人的无个性的平庸生存永远扔进历史的垃圾堆。这几种倾向都擅长消灭对人有价值的东西。它们尤其擅长毁灭绝对的、无条件的事物，例如，它们把知识伪造为一种虚假的绝对性，而认为其他一切都是相对的、有条件的。不但上帝崩塌了，连一切形式的哲学信念也土崩瓦解了。最高价值和最低价值被贴上了同样的术语标签，同样被宣判为虚无。”[1] 启蒙学科的实用价值仅仅在一开始得到了打折扣的认可，随后就激起了我们对毁灭欲的愤怒，以阻止对批判的真理内容进行更有效的反思。对存在之遗忘的痛心疾首披着本质的外衣，从而使人宁可忘掉一切存在者。那一切早在《绿衣亨利》中就露出不祥之兆：“有句老话说，人不仅要破坏，也要懂得如何建设。开心而肤浅的人经常爱说这句话，这些人一到行动要求他们做出抉择的时候就会坐立不安。这种老生常谈适用于草率地说定一件事或愚蠢地否定某件事的场合，否则它就是不明智的说法。因为人并不总是为了重新建设而破坏，相反，人急于破坏是为了获得阳光和空气的开放空间，一旦去除了某些障碍物，这些空间自然就会出现。如果人

① Jaspers, *Die geistige Situation*, pp.142ff.

们正视事物并正确对待事物，那就没有什么是消极的，一切都是积极的——老将出马，一个顶俩。”[①] 于是古代的武士出马了，他们不需要动刀动枪，他们只需用命运的棍棒和北方的人性，就能把意义灌输给怀疑者。但是他们已经操弄着黑话了：“我们这个时代的标志是一切活动的极度强化和一切创造力的竭尽全力，即使是大的政治事件也是如此。在哲学看来，这些现象在身体上表现出本真性和不可磨灭的创造性。哲学将这些现象理解为跟哲学最为相关的一种状态，以便让哲学——通过其内容和问题结构——走向对人和世界的完整而纯粹的理解。……人的生存不是无意义的：这一生存本身用断然的声明来面对生命哲学，从而使它对立于那一哲学，始终反对那一哲学。……听从命运，但否认命运；忍受命运，但支配命运；也就是说，正视命运并站在命运的对立面：这才是真正人性的立场。该立场符合人的理想形象，因为它表达了且仅仅表达了人的本质，普遍有效的本质，没有时代局限性的本质。与此同时，该立场规定了命运的真正意义，这一深刻的意义同宿命论没有任何关系，而且是专门为德国人开启的。对于流着北方的血液的人来说，这一意义具有深刻的宗教内容和基础——而这就是他和命运的联系，就是他对命运的信仰。”[②]

语言使用“意义”一词，要么是为了一种无害的认识论的意向对象（胡塞尔），要么就是为了说某事已经被证明是有意义的，就像人们经常说“历史的意义”那样。确实，事实的个别性是有意义的，因为总体——首先是社会系统——体现在个别性中。零散的事实总是

---

① Gottfried Keller, *Der Grüne Heinrich*, IV, p.2, 转引自 Friedrich Pollock, “Sombarts Widerlegung des Marxismus”，载于 *Beihefte zum Archiv für die Geschichte des Sozialismus und der Arbeiterbewegung*, Carl Grünberg ed. (Leipzig, 1926), III, p.63.

② 引自 Wilhelm Grebe, *Der deutsche Mensch: Untersuchungen zur Philosophie des Handelns* (Berlin, 1937).

要“多于”它们直接呈现的那个样子，哪怕这一意义是疯狂的。对隐匿的本真意义的追求，往往不知不觉地，因而更迅猛地提出了某物的存在权利问题。意义分析成了这一要求的规范，不仅分析符号的能指，也分析其所指。语言的符号系统一旦存在，便将一切生存都转化为社会的预备役；先于任何内容，语言的符号系统以自己的形式捍卫着这个社会。这正是反思坚决反对的。然而，黑话随波逐流，并乐于推波助澜，与退化的语言形式沆瀣一气。实证主义的语义学流派无数次说到语言与其表达之间的历史性断裂。语言形式，作为对象化的形式和只有通过对象化才能形成的形式，比它们所指的东西以及那一指涉的语境都活得更久。彻底消除了神话之后的事实将会避开语言；单单是对事实的认定就会把它变成另外一个东西，至少，用它的完全可得性的理想标准来衡量是这样的。即便如此，“没有语言就没有事实”依然是实证主义的论点，依然是肉中的刺，因为神话在语言中的顽固残余在这里显现了出来。数学顺理成章地成为实证主义思维的原型，即使它的功能是一种非语言的符号系统。反观语言中有着顽强生命力的古代残余，只有在语言批判地磨碎它们的时候，它们才起到作用；如果语言自发地确认它们，强化它们，同样的古代残余就会变成致命的幻象。黑话和实证主义一样，对语言中的古代性抱着一种简单粗暴的观念。两者都没有看到辩证因素的影响：语言似乎变成了它的对立面，它挣脱了它的巫术起源，却陷入了不断消除神话的过程。这一忽略使得不合时宜的语言仍然可以在社会上使用。黑话只管颂扬语言的古代性，而实证主义者只想根除它，连同语言中的所有表现一齐消灭干净。语言和理性化社会之间的不相配非但没有让本真派用更尖锐的刺来迫使语言走上正轨，反而促使他们榨取语言。他们不是没有注意到，人说话的时候不可能没有任何古代的残余，但是被实证主义者抨击为退化的东西，却被本真派永恒化为一种恩典和赐福。对他们来说，语言堆积在不折不扣的经验表达之前的障碍物是一座祭坛。既然无法打破障碍，那么它就给我们提供了积淀在语言中的那种无所不能和不可消除的东西。可是古代性对黑话复仇了，黑话对古代性的贪婪追求已经闯入了禁地。古代再一次被对象化了，于是再次重复了语言在历史上的遭遇。就像橙子被包上纤维纸那样，词语被包裹上光环；好像人还不能完全信任词语的辐射力似的，词语的光环按照它自己的方向走向了语言的神话。同人工的染色混合在一起，脱离了和思想内容的关系的词语就亲自讲述着一种改变了词语的关系，那一关系也因此总是在消除词语当中的神话。语言的神话和物化同语言的反神话的、理性的要素混杂在一起。因此，黑话在任何场合都很实用，无论是布道，还是广告。在概念的媒介中，黑话令人吃惊地与广告的惯常实践极为相似。黑话的词语和“猎区长”（Jägermeister）、“老修女”（Alte Klosterfrau）、“小酒店”（Schänke）[①] 之类词语如出一辙。黑话剖取了对幸福的允诺，而这一允诺则必须埋下去。只有在具体性消亡之后，才能从假扮的具体性那里抽取血液。这些词语被钉住了，并被涂上一层发光的绝缘层，就其功能而言，它们让我们想起实证主义者的筹码。它们可以在任意语境起作用，而不考虑它们所窃取的个性精神——个性本身也起源于市场，在市场上，物以稀为贵。

随着这种不惜一切代价的维护意义，古老的反智者情绪深深浸入了所谓的大众社会。自从柏拉图和亚里士多德战胜苏格拉底左派，这一情绪就统治了哲学的主流传统。拒绝臣服于它的一切都被排挤为没有权力的暗流。只有近来的实证主义才通过它与科学的结盟，为智者派的主旨平反昭雪了。黑话拼命反抗这一结盟。未经考虑，它就推翻

① 这些都是名酒的品牌。

了传统的判断。柏拉图所反对的智者派的耻辱在于，他们不是为了改变奴隶社会而反对虚假和错误，而是为了捍卫思想而思想，甚至不惜怀疑真理。智者式的破坏确实非常类似于极权的意识形态概念。柏拉图之所以能够讽刺高尔吉亚的智者派是小丑，是因为思想一旦脱离了实际知识，并最终脱离对象的性状，对思想来说至关重要的“游戏”要素就会蜕变为“闹剧”，成为被一切启蒙打败了的“模仿”要素的幽灵。[①] 尽管如此，反智者派的运动滥用了它的洞见，使之畸变为放任自流的思想怪胎，也就是说，打着思想反思想。尼采就是这么批判康德的，指控他对思想吹毛求疵：康德说“小理性”（Vernünfteln）的时候打着官腔，和黑格尔说“推理”的时候一模一样。在时髦的反智者派运动中，既涌动着对分裂的工具理性的必要批判，也涌动着为反对思想的机构所做的阴暗辩护。黑话，是它诟病的现代性所生产出来的一种废品，它为了洗脱自己乃至真正的毁灭机构（“毁灭”就是字面意思）的毁灭性的嫌疑，干脆反咬一口，指控其他群体（其中大多数是反对保守主义的群体）的思想犯有隐藏在黑话自身的“不轻信的反思原则”深处的那一罪行。它煽动性地利用了“反智者派”这个词的双关含义[②]。那种外在的意识，即黑格尔说的“不存在于事物之中而存在于事物之上的意识”、“自上而下地处理着事物的意识”，是虚假的意识；然而批判也同样会沦为意识形态，倘若它自负地宣扬“思想一定得有个基础”。黑格尔的辩证法克服了“真理必须有一个绝对的、无可怀疑的出发点”这一教条。该教条在本真性的黑话中越是变本加厉，越恐怖，黑话就越是将它的出发点设置在思想的脉络之外。

① 参见 Max Horkheimer and Theodor W. Adorno, *Dialektik der Aufklärung* (Amsterdam, 1947), pp.20ff.

② 反智者派（Antisophistik）一词的字面意思是“反对诡辩”。——中译者注

在日益高涨的神话的最高阶段，反智者派是一种僵化的起源思维。在黑话的账本里，辩证法之后的形而上学复辟被记载为“回到母亲之路”。“当一切都被砍掉，根就暴露了出来。根是起源，我们从那里生长出来，却在意见、习惯和理解图式的蔓生中忘掉了它。”① 甚至在后来的《理性与生存》中，雅斯贝斯写道：“只有这样，才能实现人的真正力量。他身上的无条件的力量已经在每一次可能的斗争和问题中得到了证明，无需用暗示、仇恨、对残忍的欲望来激活它，无需用醉人的大字眼或晦涩的教义来让它自信，这样它才真正变得坚强、严肃和冷静。只有这样，所有的自欺才会消失，而且在消灭人的生活谎言的过程中不会消灭人本身。只有这样，真正的根基才会无遮蔽地从深处显现自身。”②

本真派诋毁智者派，但他们的草案里也拖带着智者的那种任意性，而没有相应的必要证明。他们最喜爱的论点，“只有人是重要的”，其实和智者派的观点是一致的：“人是万物的尺度”这个命题又被他们故弄玄虚地炒了一遍冷饭。和从前一样，他们挑出来做替罪羊的社会模型是城市的自由，而在过去，城市的自由曾经帮助过思想的自我解放。唯一的区别在于，在资产阶级社会的严格的理性秩序中，人和精神的运动对群体的威胁要小很多，事实上，在发达工业国家，这种威胁已不复存在。但是它经常威胁到总体系的持续不断的非理性，而这一非理性想要剪除在自由主义下发展起来的那些还在生长的社会行为模式。因此黑话必然会为那些历史的、暂时的、不容于现代生产力状况的社会形式辩护，说它们是不可丢弃的。如果黑话无论如何也要越过存在物本身，越过交换社会，越过障碍，那么它就不仅要为一种

① Karl Jaspers, *Der philosophische Glaube* (Munich, 1948), p.125.

② Karl Jaspers, *Vernunft und Existenz* (Munich, 1960), pp.98ff.

被其信徒鄙视的立场而奋斗，恐怕也得为交换社会允诺却又否定了的理性而奋斗，从而能够扬弃交换社会。资产阶级的理性形式总是需要非理性的补充，为的是维持其现状，亦即通过法律来维持的非法性。理性当中的这种非理性是本真性的工作氛围。黑话能够自圆其说，因为很久以来一直是资产阶级平等的一个要件的“流动性”（无论是字面意思还是引申义）总是变成了对那些不能完全跟上的人的不公不义。对他们来说，社会进步是一项判决：在那一体系下，对他们的痛苦的记忆酝酿出了本真性及其黑话。黑话的喋喋不休使得真正的受苦主体、特定的社会构成消失了。因为自从流通领域被融合到生产领域中去之后，被“反流动性的情绪”挑选出来的那些牺牲品本身就被判决了。黑话竭力把定居者、沉默者的痛苦转变为对那些还能开口讲话的人的某种形而上学的和道德的歼灭判决，而黑话的风靡一时就仅仅是因为这个原因，因为这一歼灭判决实际上已经被宣告并在德国对无数人执行了，因为扎根的纯真性姿态是和历史的征服者站在一边的。这就是本真性的实质，其力量的神圣源泉。寡言和沉默，与生存论上的和生存状态中的喋喋不休真是相反相对：这一喋喋不休所反对的秩序本身想要的就是对符号和命令的缄默无言。黑话在它和它的消费者达成的愉快约定中，将具有社会必然性的语言解体所造成的裂缝给填充上了。小人物几乎没有熟人，如果他们同以前不认识的人在一起就会觉得很不舒服；而他们的痛苦把这一态度变成了一种美德。还有，黑话和高山旅馆的门房的粗鲁态度有几分相似，他们训斥起客人来就像训斥乱闯进来的人似的，从而赢得了客人的信任。面对笼罩着地平线的社会静力学的阴云，人性的反光又照射到大前天的推销用语上。在黑话中，经验沉淀为一种颠倒的形式，如果哲学把经验从其“蒸馏出的本质”亦即“存在的可能性”那里带回到社会中，回到经验起源的地方（如果“起源”这个词还有一点意义的话），那么哲学就能够超越流动性和固定性之间、无根性和本真性之间的对立。哲学就能够认识到这些对立是同一个有罪的整体的不同要素，在这个整体中，英雄和商人对彼此而言都是有价值的。自由主义孕育出了文化工业，自由主义制造出了那些遭到本真性的黑话的愤怒声讨的反思形式（尽管黑话本身也是其中的一员），自由主义是毁灭了自由主义及其潜在消费者的法西斯主义的祖先。但是，今天回响在黑话中的那些血债当然要比流动性的欺骗伎俩的罪孽深重许多，流动性的原则当然是无法跟直接的暴力相提并论的。

三

海德格尔不是黑话的政治斗士，其实他很警惕生硬的直接针对性。确实，他把“本真性”用作《存在与时间》的核心词[①]，而且大部分其他缩写法都充斥在他最著名的文本里——以一种毋庸置疑的权威姿态，能让本真的群众立即机械地模仿的姿态；显然，这里存在着一种对其未予讨论的核心的毋庸置疑的同意。以同样的姿态，海德格尔还竭力表明他对一切通行语汇都持保留意见，他轻易地将其搁在一边，斥之为粗鄙的误解。尽管如此，一旦他放松了自觉的自我审查，他就立即陷入了带着一种无法原谅的乡土性的黑话之中——不能因为它成了言说的主题就原谅它。他出版了一本格言体思想的小册子，题名为《从思的经验而来》。其形式位于诗歌和前苏格拉底的残篇之间。然而，前苏格拉底的残篇的女巫特征确实来自一个断裂了的传统意外，而不是来自故作神秘，至少大多数残篇是这样的。海德格尔赞颂“单纯的壮观”[②]，他把手工艺王国里那站不住脚的“纯材料的意识形态”带到思想之中，似乎词语是纯粹的原材料。但是，在今天，那种织物是以它们处心积虑的与大规模生产的对立为中介的。同样，海德格尔恰恰想集大成地制造出纯词语的原初感。还有一个具体的社会要

① 海德格尔，《存在与时间》，第 298 页以下。另见第 51、52 页。

② Heidegger, *Aus der Erfahrung des Denkens* (Pfullingen, 1954), p.13.

素在单纯范畴中起作用：对廉价物的拔高，这是为了满足没落精英的愿望。这种拔高和青年音乐有关，它愉快地成为黑话的伙伴，也让黑话陪着自己。在历史上，落后于时代的存在不仅热切地皈依某种更高的东西，也同样热切地皈依宿命的悲剧。伴随着这种皈依的，往往是把古代默认为纯真。然而，单纯的无价值性并不像海德格尔设想的那样，可以归咎于迷失了存在的思想的有眼无珠，不识价值。这种无价值性来源于自认为适合存在的，并认为自己最高贵的思想。这种无价值性是分门别类的思想的标志，哪怕是在最简单的单词中，海德格尔却假装自己摆脱了那种思想，即抽象。早在《乌托邦精神》的第 1 版里，恩斯特·布洛赫就指出，象征的意向——对他来说是黑暗世界中的救赎之光的踪迹——其实并不是最简单的基本关系和诸如“老人、母亲和死亡”之类的基本词语表现出来的。但是，海德格尔在其高调奢华的人道主义书信中宣称：“人不是存在者的主人。人是存在的看护者。在这种‘更少些’中，人并没有什么亏损，而倒是有所收获，因为人进入存在之真理中了，他获得了看护者的根本赤贫，而这种看护者的尊严就在于：他已经被存在本身召唤到对存在之真理的保藏中了。此种召唤乃是作为抛投而到来的，而此在之被抛状态即源出于这种抛投。人在其存在历史性的本质中就是这样一个存在者，这个存在者的存在作为绽出之生存，其要义就在于：它居住在存在之切近处。人是存在之邻居。”[①] 哲学的陈腐产生于普遍概念神奇地分享了“绝对”之处，这种分享证实了概念本身为虚假。

海德格尔认为，对思想来说，哲学思考是危险的[②]。但是，这位

① 海德格尔，《关于人道主义的书信》，《路标》，孙周兴译，商务印书馆 2000 年版，第 403-404 页。

② Heidegger, *Aus der Erfahrung des Denkens*, p.15.

严厉地对待哲学之类现代玩意儿的本真思想家这样写道："初夏，一朵孤独的水仙花藏在草丛里，而山上的玫瑰在枫树下闪着光。"① 又如："从大峡谷的高坡上看，牛群缓缓走过，牛铃铛叮叮当当作响……" ② 还有诗呢："树营宿 / 小溪流 / 悬崖依旧 / 雨如注 / 草地颙 / 泉水涌 / 风已住 / 思有福。" ③ 从这些例子中已经可以窥斑见豹，看到如何用过时的语言刷新思想。古代是这一语言的表达典范："在我们的思之中，古代的最古老的要素跟在我们后头，却迎面碰上我们。" ④ 但是淘气鬼知道怎么称呼它：神话对好奇神话而否认思想的人的报复。"思的诗性仍遮蔽着。" ⑤ 似乎是为了不惜一切代价堵住批评，海德格尔又补充道："在它显露之处，它一直很像是半诗性的理智的乌托邦。" ⑥ 然而，唠叨着智慧碎片的半诗性的理智并不像是这个乌托邦或任何其他未实现的乌托邦，毋宁说，它更像是某种可靠的民间艺术作品——毕竟它不是用来吹嘘那些事物的。在希特勒时代，让我们能够感同身受的一件事是，海德格尔拒绝了柏林的一项学术任命。他在一篇文章中为此做了辩解，《我们为什么待在乡下？》。他用一种狡猾的策略解除了对他的乡野土气的指控：他在褒义上使用了"乡土性"这个词。他的策略如下："在一个寒冬的深夜，暴风雪在小屋外肆虐，一切都被遮蔽和掩盖了，这正是谈论哲学的好时机。哲学问题应当是简单而本质的。" ⑦ 问题是否本质，无论如何都只能从提供的答案来判断；这根本

---

① Heidegger, *Aus der Erfahrung des Denkens*, p.12.

② *Ibid.*, p.22.

③ *Ibid.*, p.27.

④ *Ibid.*, p.19.

⑤ *Ibid.*, p.23.

⑥ *Ibid.*

⑦ 转引自 Guido Schneeberger, *Nachlese zu Heidegger, Dokumente zu seinem Leben und Denken* (Bern, 1962), p.216.

无法预判，更不能用一种奠基于气候现象的简单性为准绳。那一简单性就和它的对立面一样没有讲出什么真理；康德和黑格尔既是复杂的，又是简单的，因内容而异。但海德格尔暗示了本质性的内容与家常呢喃之间的前定和谐。因此，这里的淘气鬼的回声并不只是可爱的小错误。它们听不到任何对哲学家不是知识分子的怀疑："哲学工作是无法被怪才的业余活动取代的。它恰好属于农夫的劳作。"[①]最起码，我们想知道农夫对此的看法。海德格尔并不需要他们的意见。因为"在晚上的休息时间，他和农夫们坐在炉边的凳子上……或者，坐在角落里的桌子旁，坐在耶稣受难的十字架下，我们根本不说话，只是默默地抽着烟斗。"[②]"本己的工作内在地归属于黑森林和那儿的人民，这种归属源自一个世纪以来的日耳曼和施瓦本的本土性，那是不可替代的。"海德格尔实际上在说他自己。来自同一地区的约翰·彼得·黑贝，海德格尔大概很愿意在炉边的宝地里给他腾个地方吧，却几乎从不诉诸这一本土性；相反，他热烈欢迎来自沙伊特勒（Scheitele）和瑙塞（Nausel）的上门推销的小贩，那是德国有史以来为犹太人写下的声辩中最美丽的诗句之一[③]。然而本土性却自吹自擂："最近我再次收到了柏林大学的邀请。这时，我离开了城市，回到了我的小屋。我听到了高山和森林农田在说什么。路上我遇到了一位老朋友，75岁的农夫。他从报纸上看到了柏林对我的邀请。他会说什么？他明澈的眼睛里的坚定目光缓缓盯着我，紧闭着嘴唇，一言不发，而把他忠诚的、告诫的手放在我的肩上，同时几乎不可察觉地轻轻摇着头。那就

---

① Guido Schneeberger, *Nachlese zu Heidegger, Dokumente zu seinem Leben und Denken*, p.216.

② *Ibid.*, p.217.

③ 参见 Johann Peter Hebel, *Werke* (Berlin, 1874), II, p.254.

是说：坚决不去！"[①] 当哲学家埋怨他的血土[②]朋友们宣扬血土时——恐怕是因为侵犯了他的专利权——由于他想要把农村背景当作秘密的立足点，他那反思的未反思性便堕落为友好的闲聊。对老农民的描述让我们想起弗伦森（Frenssen）地区的耕犁小说里的陈词滥调，也让我们想起哲学家不仅送给他的农夫朋友也送给他自己的沉默礼赞。这里我们发现了一种无知，也就是说，不知道与德国小资产阶级的媚俗作品的霉臭本能格格不入的那些文学——例如，从巴尔扎克的晚期作品到莫泊桑的法国现实主义文学——而为了从农村人那里学到东西，有必要阅读那些文学；这种文学是可以找到德文译本的，甚至是苏格拉底之前的作品。小农的生存之所以持续，完全要感谢交换社会的珍贵礼物，而交换社会将他的基础乃至表象都连根拔起。面对这种交换，农民的视域中什么都没有了，只剩下一些更糟糕的东西：直接的家庭剥削，否则他们会破产的。小农经济的这种空虚状态，这种永恒的危机，回响在黑话的空洞性之中。给小农的补贴恰恰是黑话的源始词句的基础，结合这一基础才能理解黑话实际上说的是什么意思。像那些不太著名的本真性代言人一样，海德格尔充满了内在性的不可一世态度，在他思考黑格尔对内在性的批判时，他涉及了这个哲学问题[③]。迫于其工作的性质而待在某个地方的任何人，都乐于把必然性说成是美德。他想要说服自己和别人，对他的束缚属于一种更高级的秩序。手头缺钱的农民和中间商打交道时的糟糕经历证实了这个观点。被社会排挤的那些拙于社会交往的人痛恨中间商，骂他们是通吃的恶

---

① Guido Schneeberger, *Nachlese zu Heidegger, Dokumente zu seinem Leben und Denken*, p.218.

② 血土（Blubo）是纳粹口号"血缘与土地"（Blut und Boden）的缩写语，它强调的是人的生命与其本土的息息相关，当然是一种狭隘的乡土观念。—— 中译者注

③ 海德格尔，《存在与时间》，第 236 页。

人。这种恨意渗入了对代理商的抵制行动之中，从牛贩子到记者。直到1956年，稳定的职业仍然是海德格尔的金科玉律；但那不过是社会发展的一个阶段。他借着农业状况的虚假永恒性的名义，赞扬职业的稳定性："当人不再从林中路的声音得到慰藉，就徒劳地企图用计划带给地球以秩序。"[①] 北美不知道林中路，甚至不知村庄为何物。羞于成为哲学的这一哲学，需要第六手的农民象征来证明自己的源始性，把它作为获得某种独特性的工具，否则它是无法与众不同的。然而，莱辛的观点仍然像在他的时代里那样适用：审美批评家无需做得比他的批评对象更好。对《汉堡剧评》而言的真理对于哲学理论来说也是言之成理的：对局限性的自我意识并不使他有义务从事真正的诗歌创作。但他有权力阻止思想者仅仅制造一些美学的行货；否则它们就会成为反对哲学的证据，因为它们假装蔑视论证，斥之为错乱。它那高贵的庸人气息生长为本真性的黑话。

在这一黑话里，乃至在海德格尔那里，语言的证据揭穿了本土性之伪，至少是当本土性降格为某种具体内容的时候。海德格尔刻意把独处和孤独对立起来："城里人往往惊讶农夫长时间的、单调的独处于山间的状态。但这并不是独处，而就是孤独。人最有可能独处的地方是大城市。但是，大城市里的人几乎不会感到孤独。因为孤独拥有的原始力量并不是让我们彼此孤立，而是把整个此在释放到一切事物之本质的无边亲近之中。"[②] 无论事物怎样保持这种被海德格尔当作证据的语言内容上的区别，它们也不知道他所宣称的这种区别。肯定理解这一微妙差别的霍夫曼施塔尔笔下的伊莱克特拉的独白开头是这样

---

① Heidegger, *Der Feldweg* (Frankfurt, 1956), p.4.

② 转引自 Guido Schneeberger, *Nachlese zu Heidegger, Dokumente zu seinem Leben und Denken*, p.217.

的："孤独，彻底的孤独。"如果女主人公的"人的境况"是什么的话，那就是海德格尔不无乐观地信任的那种彻底的被抛回自身。他信赖那一状态将通往"到一切事物之本质的无边亲近之中"，尽管这种境况实际上更有可能迫使人陷入过分的狭隘和贫困。只要环顾其他的语言用法，即对立于海德格尔的那种语言用法，就会意识到大城市里的人或者节假日里的人是孤独的，而且在这种情况下是不可能独处的。无论如何，现有的用法是摇摆不定的。海德格尔的哲学虽擅长运用其倾听能力，却听不见词语的声音。从这一哲学的铿锵有力中产生了一种自信，认为它和词语水乳交融，但实际上它只是任意性的伪装。海德格尔的源始声音在大多数情况下听起来像是模仿猴子说话。当然，就算是比他更精妙的语言器官也很难把他失败的事情做得更成功。这种努力在语言上的逻辑局限性在于，就算最准确的词语也有一种偶然性要素。词语自身的意义具有很重的分量。然而词语并不仅仅只是它们的意义，它们本身是处在语境中的。从胡塞尔开始，所有纯粹的意义分析对科学的高度赞扬均低估了上述事实。在海德格尔那里尤其如此，他认为自己远高于科学。只有那些把握了语言与处在词型结构中的个别词语之间的关系的人，才满足了语言的要求。将纯粹的意义要素固定下来，只会陷入武断；对词型结构的优先性的信仰则会陷入糟糕的功能化，即纯粹的交际性，从而轻视了词语的客观方面。在语言中，这两方面要素的互为中介是有价值的。

对立于被损毁的生活的所谓健康生活，是黑话从社会化的意识中，从他们的"隐忧"中推断出来的。在黑话的彻头彻尾的——亦即远离一切社会考察的——语言形式中，健康生活被等同于农村的状况，至少等同于简单商品经济。这样的生活实际上被等同于某种未分化的、防护地封闭起来的东西，其运行有着固定不变的节奏和不间断的连续性。这里的关联域是一种浪漫主义的遗迹，它被无反思地移植到当代条件中来，而在那里，它遇到的矛盾比从前更为尖锐。在那里，黑话的范畴被愉快地提出来了，似乎它们不是从起源于历史的、暂时的社会状况中抽象出来的，而是一种不可让渡的可能性，并且属于人的本质。人是非人化的意识形态。结论是从某些能让我们联想到原始的社会关系的范畴中得出的，在原始的条件下，交换制度尚未完全支配人与人的关系。从那些范畴中得出的结论是，其核心——人——被描述为直接存在于当代人之中，人从当代人那里领会他的原型。过时了的、先于分工的社会化形式被偷偷地变为永恒之物。它们的折射落在后来的状况上：后来的状况已经是不断的理性化的牺牲品，然而和先前的状况相比，却显得更为人道。非本真的状况热情地呼唤着人的形象，它们被安放在一个特殊的地带，在那里，不允许追问那些状况起源自何处，既不准问在游牧生活向定居生活过渡的时候对被压迫者做了些什么，或者对那些再也不许流浪的人做了些什么，也不准问未分化的状况本身是否不自觉而又强制地酿成了它自身的崩溃。关于人的言说不仅迎合了双坡屋顶的桁架建筑的精神，也以较为现代的激进主义姿态赢得了拥护——这种姿态想要解除一切遮蔽的东西，并关注隐藏在一切文化伪装下的赤裸裸的本质。然而，因为它是一个关于人和非人的问题，是为了人的问题，是关于人自身造成，却转而反对人的这样一种石化状况的问题，所以不能批判人似乎像其对象那样趋时。这种批判太浅薄了。这一立场从根本上压制了康德的主题“世界公民视野中的普遍历史概念”：只有通过对抗，通过人自身的强制，而不是从纯粹的概念出发，才能确立人的尊严的状况。关于人的言说毫无价值，因为它制造的是冒充为更真实的虚假。它强调人的生存，而在这种强调中，无力且自负的思想误以为把它失去的具体性握在手中，而这一具体性变成了方法，从而被挥霍一空。这种操作只会欺骗我们，让我们无法察觉这里几乎没有在谈人的问题，而只是谴责人的附庸状态。

“人”这个词的表达本身是随着历史而变更其形式的。在一战以来的表现主义文学里，“人”这个词有一种历史价值——因为它是对明目张胆的非人道的抗议，那种非人道把人力资源当成了屠杀的原料。就这样，资产阶级社会先前那可敬的物化——曾经辉煌过，并呼唤个人奋斗的物化，因而也是可理解的物化——过渡为它自身的反概念。“人性本善”是个伪命题，但是它起码不需要形而上学和人类学的调料。它已经区别于表现主义的“人啊！人”，后者直接反对的是只有人才干得出来的事情，所以是一种僭越的宣言。表现主义的“人啊！人”已经倾向于不考虑人的暴行。普遍人性概念的无可争辩的天真使它沾染了它所反对的东西，这在弗朗茨·韦夫尔的作品里非常明显。与此同时，黑话的“人的形象”仍然是狂放不羁的“人啊！人”及其中包含的否定性真理的倾销。要概括“人”这个词的功能变换，只需看看两个很相似的标题。在德国十一月革命期间，和平主义者路德维希·鲁比纳写了本书，叫《在中心的人》，而20世纪50年代有本书叫《人是企业的中心》。多亏了抽象性，概念本身使它能够像润滑油一样浸润了它所要袭击的那一台机器。它的悲怆之情虽已消散，却仍回荡在意识形态中，回荡在不得不为人服务、为人的意志而存在的企业中。这意味着组织不得不照料它的工人，以提高产量。就像美国广告里的快乐奶牛艾尔西那样，动员我们去照料某些人的那些语汇想要有说服力，就不得不依靠一种怀疑：说到底，统治我们的社会关系确实是人创造出来的，也是人可以改变的。那些社会关系的绝对统治力，也像神话的力量一样，内在地包含了拜物教和假象的成分。制度的自在存在只是假象，石化的人与人关系的反形象其实是这一假象的镜像，也像这一假象一样统治着人。这样一来，对很久以来被异化的人的所谓“不可异化的本质”的诉求就变得很可耻了。创造这个制度的不是“人”，普遍的人，而是处在特定的人与自然的关系和人与人关系之中的特定的人。这一关系要求着制度，就像人无意识地建立了那些制度一样。这一切在 1848 年三月革命之前就被尖锐地论述过了，尤其是在马克思对费尔巴哈的人本学和青年黑格尔派的批判中。假象和必然性是商品世界的两个要素，只要认识把这两个要素分离开来，就一定会失败。如果谁以为商品世界就是它假扮成的那种自在存在，那么他就被马克思在论述拜物教的章节里分析的那些机制欺骗了；如果谁无视这一自在存在，即作为纯粹幻象的交换价值，那么他就陷入了普遍人性的意识形态，并坚持着直接的交往形式——即使这些形式确实存在过，也已经是不可恢复的历史形式了。一旦资本主义对理论的自负感到不安，它就更青睐于用自发生活的范畴来表述人为制造的东西，就把这些范畴说成是此时此地起作用的范畴。黑话急于忽略这一切，也许为它的历史性遗忘而自豪，似乎这一遗忘本身就已经是人性的直接性了。

黑话用“人”这个词标注的天使之音起源于一种把人当作上帝之形象的学说。“人”这个词越是把它的神学起源封缄起来，就越是无可辩驳和有说服力。其中有些要素会指向青春艺术风格的一种语言学现象，这是黑话为大众消费量身定做的要素。青春艺术风格和黑话的哲学史关联恐怕是青年运动。豪普特曼选用了《孤独的人》作为他的一出戏的标题。雷文特洛的一部小说中，教授被嘲笑为属于 1910 年前后的慕尼黑的化装舞会上的波希米亚人，他对每一个他认为适合加入施瓦本圈子的人的称呼都是“一个神奇的人”——这跟源于莱因哈特时代早期的戏剧演员的一种矫揉造作的风格有关，他们会把手放在胸口上，把眼睛瞪得滴溜溜圆，总之在设计自己的形象。一旦原初的神学形象破灭了，大宗教的那些迫于强大的禁忌（“汝不可制作偶像”）而和形象分离的超验性就变成了形象。既然神的奇迹已经不复存在，于是这些形象被说成是十分神奇的。这里就是本真性的一切具体性的神秘之处：存在者的具体性成了它自身的形象。如果神奇的人不再有什么不得不跪拜的东西，那么人就被说成是神奇的，因为他是人，不是别的。黑话就是这么假装的，似乎人应该像从前对待神那样对待人。黑话追求的人性是不容怀疑的和无关联的。这种人性被表述为人的德行本身。从一开始，这种人性就走向了自我设定的主体的狂妄。谦卑所追求的隐秘性本身就已经诱使人恭贺。这一要素一直表现在敬畏概念之中，即使歌德也是这么理解的。雅斯贝斯公然推崇独立于对象的敬畏。他谴责敬畏的缺失，并且轻易地找到了他的通往英雄崇拜之路，一点儿也不怕重蹈卡莱尔的覆辙：“在人类的伟大的历史形象看来，敬畏的力量是衡量人的存在及其可能性的尺度。敬畏并不允许它看到的一切走向毁灭。在其自我生成中，敬畏仍然像在传统中那样行之有效。敬畏从那些特定的个人身上理解了它的存在起源，在那些人的影子里，敬畏进入了意识。敬畏依然维护着一种不屈不挠的虔诚。在现实世界上不再存在的东西仍然被记忆保留在敬畏中，并成为一种绝对的要求。”[①] 然而，在黑话中，“人”这个词再也不像唯心主义那样取决于人的尊严，无论它如何崇拜历史人物和伟大本身。相反，人不得不拥有他的无力和虚无，以作为他的实体；这成了我们现在拷问的哲学家的一个主旨。人的这种无力和虚无非常接近于它在当前社会中的现实化。于是一种历史性的状况被转变为纯粹的人的本

① Jaspers, *Die geistige Situation*, p.170.

质，它得到了确认并同时成为永恒。就这样，黑话掠夺了人的概念，人因为虚无而变得崇高；它恰恰抢走了一切启蒙和早期德国唯心主义对现实的批判中所包含的那些人的特性：现实排除了灵魂的神圣权利。与黑话携手前进的是这样一种人的概念，它清除了对自然权利的一切记忆。而作为一个不变的常量，人本身在黑话中变成了某种超自然的自然范畴。先前，虚假的、令人不满的生活那无法忍受的短暂遭到了神学的反对，神学给出了永生的希望。这一希望消失在将短暂夸赞为绝对的颂歌中，这当然是黑格尔已经顶礼膜拜的绝对。如黑话所言，苦难、恶和死亡都是要“接受”的：而不是要改变的。公众接受了这一维持平衡的技能培训。他们学会了把虚无领会为存在；他们学会了尊重真正不可避免的或者至少可以改变的匮乏，尊之为人的形象中最人性的元素；他们学会了尊重权威本身，因为他们的内在人性是不完整的。尽管这样的权威现在很少自称为上帝派来的，但它仍然握有一度借自上帝的那一权柄。由于这一权威不再具有任何合法性，却盲目而难测，所以它变成了极端的恶。正因为如此，普遍人性的语言姿态最终其实和极权主义国家沆瀣一气。在绝对权力看来，主体对这一语言姿态来讲是无足轻重的，也是平庸的。沙赫特（Hjalmar Schacht）曾经夸奖第三帝国是真正的民主制：它能够在选举时赢得明显的多数，甚至无需在竞选时开任何空头支票。他得到了关于人的形象的黑话的确证，而黑话有时较为无辜。按照黑话的观点，所有人在无权力面前一律平等，他们的存在就居于无权力之中。人的存在成了最普遍和最空洞的特权形式，它和一种意识形式严丝合缝：即不再受苦于任何特权，却发现自己依然完全处在特权的魔咒之下。但意识形态就是这种普遍人性——一切长着人脸的东西的平等权利的漫画像，因为它掩盖了社会权利的严重不平等，掩盖了饿汉子和营养过剩者之间的差别，掩盖了精神和驯顺的白痴之间的差别。带着纯洁的感动，人不用付出任何代价就能听到对人的呼吁；然而，在黑话的长官们看来，任何拒绝这一呼吁的人都自暴自弃于非人性，一旦有必要，他们都是可以牺牲的。对他来说，践踏人的尊严的那一傲慢来自这种非人性，而非来自权力机构。在黑话的面具下，任何自私自利的活动都有了公共利益的光环，为人民服务的光环。所以，并没有为减轻人的痛苦和匮乏做任何实事。在普遍的非人性之中，自吹自擂的人性只不过巩固了非人性的状况。必须向此时此地正在受苦受难的那些人隐瞒这种状况。黑话只是复制了这种隐瞒。黑话和它的世界所提供的补偿和安慰，在它们所扭曲的和所隐瞒的要求面前现出了原形。

"人"这个词不仅歪曲了人与社会的关系，也歪曲了"人"这个概念应该思考的内容。这个词不会为现实的主体被肢解为彼此分离的各个功能而烦恼，而这种肢解是无法用精神的声音消除的。所谓的柏拉图心理学已经表达了社会分工的内在化。人一旦被定义为某种功能，就否定了人的总体性原则：人成了他的功能的总和。如果反对这种境遇，人只会变得更糟，因为他努力挣得的统一性仍然是支离破碎的。在自我保存的法则下建立起来的个人功能凝结为铁板一块，使得任何功能都无法单独存在，所以任何人的生活离开了功能碎片就无法建构起来。每个人的功能都转而反对它本应效力的自我。只要生活还继续存在，就会指控这样的分离为谬误：例如，思想、感觉和欲望在语言中的分离。如果思想不欲求着什么，那么它便不是思想，最多是同语反复。如果没有认识的要素，感觉和意志只不过是变幻不定的情绪。黑话很容易指出这一分离的愚蠢，它狼吞虎咽地吞下了时髦的"异化"一词。但它只愿意承认青年马克思的深刻性，以摆脱这位政治经济学的批判者。在这一过程中，造成主体分离的现实力量走出了视线。证实了这一分离的思想一不小心发现它自己被责骂了。对19世纪的机械论心理学的胜利贪得无厌地滥用了不再新鲜的格式塔心理学的观点，这种滥用只是不再触碰那些伤口的借口。科学的进步被视为不再考虑伤口的理由，若非如此，科学的进步还不会如此受到推崇，也不会恰恰在这一情境中发生。他们把弗洛伊德推到一边，并毫无理由地欢呼他们比弗洛伊德更现代。同时，关于“整体的扎根于存在的人”的那些假大空的高论非常时髦地通过精神分析登上了它的位置。当人沦为一扎功能的时候，再怎么拔高人的概念都于事无补。只有改变造成这种现状并不断扩大再生产自身的那些制约条件，才能有所补益。借助此在的巫术手段，人蔑视起了社会，也蔑视关于依赖于社会的“现实的个人”的心理学，并主张“改变人”，但是“人”只存在于抽象之中（在黑格尔的意义上），所以结果只是拉紧了缰绳。对“人”的拔高只不过是压迫人的旧意识形态的延续。当他们攻击精神分析的时候，他们攻击的其实是本能冲动。他们的伦理学毫无反思地贬低本能。雅斯贝斯这样说道：“两性的爱情中的排他性将两个人无条件地束缚一生。这一没有根据的爱取决于将自我束缚于这一忠诚的决断，在那一时刻，自我通过他人而本真地来到了自身。否定消极的东西（群婚式的性行为）是一个积极因素的结果。唯有这个积极因素，亦即眼前的爱情，才是真的，它包含了整个生命。因此消极因素（不愿全力投入的意志）是对这一忠诚的毫不妥协的意志的结果，该意志是由自我实现的可能性促成的。任何自我实现都包含着性爱中的严苛。只有在无条件的义务的排他性之中，性爱才具有了人性的意义。”①

① Jaspers, *Die geistige Situation*, p.171.

"义务"是纪律的无理要求的口头禅。"义务"一语把海德格尔和雅斯贝斯同最低级的拖拉机文学的作家联为一体。这个词最初是一种本土化的说法。爱国的宣传家拾人牙慧地说，"义务"实际上是"宗教"的名字。但是"义务"这个德国词并不仅仅是一种本土化。外来词"宗教"要求服从某个确定的东西：基督的救赎或是神圣的犹太律法。而在新造的"义务"一词中已经没有这种意味了。这一表达给出了复活的表象，似乎在外来词里黯然失色的感性具体性又复活了。然而，除了感性的色彩，这一具体性所附着的要素仍然晦暗不明。人们现在用义务来粉饰现实。这一概念维护了权威，但权威的来源从一开始就被切断了。用"义务"一词来理解的事物并不比这个词强。"义务"本身并没有被当成真理，而是当作治疗虚无主义的药，就像一代人以前讲的，今天又死灰复燃的"价值"那样。义务是按照精神卫生学来分类的，因此破坏了它们规定的超越性。黑话发动的运动赢得了前赴后继的惨胜。需要和信仰的纯真性，无论多么可疑，都变成了检验渴望和信念的标准；这样一来，它就不再纯真了。因此，只要讲到纯真性，都是意识形态。尼采还能够用这个词来反对意识形态。而在黑话中，它从内在性的圣餐礼没完没了的咕哝中脱颖而出。像一个拾荒者那样，黑话篡夺了主体最后的抗议活动，此时主体已经崩溃，抗议转向了主体自身，以便出卖自己。锋芒已经从活着的主体对可诅咒的存在的抗议转向了角色扮演——美国的社会角色理论如此流行，是因为它把这种抗议也擀进了社会结构之中。据说，造成主体恐慌地逃回洞穴的那一权力其实并不能把他怎么样。再一次，并且不是最后一次，黑话又被尊奉为一个秘密王国的语言，这个秘密王国只存在于沉默的大多数的执迷不悟中。人不要消散在今天的消费市场之中，这一点被抽离出社会语境，并且被解释为本质性的东西：但这仅仅是虚与委蛇。小资产阶级监视小资产阶级。消散是消费习惯的结果，却被视为原罪。生产领域已经否定了意识，个人已经学会了涣散。海德格尔把本真状态描述为一种与涣散状态相对立的状态："日常生活中的此在自己就是常人自己，我们把这个常人自己和本真的亦即本己掌握的自己加以区别。一作为常人自己，任何此在就涣散在常人中了，就还得发现自身。我们知道此在操劳消散在最切近地来照面的世界中，而这里所说的涣散就标志着以这种方式存在的'主体'的特点。"[①] 他没有想到发达资本主义的大城市中心和那一涣散之间的联系；而波德莱尔早就注意到了这一联系，格奥尔格·齐美尔也对此进行了评论。无论人自身还有什么可以充当本真的此在，都和涣散于情境中一样贫乏。黑格尔和歌德都仅仅把内在性当作一种偶然的环节来批判。他们视之为正确意识的一个条件，并且由于其局限性，是一个要被否定的环节。自从非精神彻底完成了从前精神要求精神干的事，对这一批判的记忆被排挤出去了。黑格尔哲学仍然希望着内在世界和外在世界的和解，现在这一和解被无限期推迟了。因此没必要提倡外化了，作为那些乐观的外向者的法则，外化实际上总是大权在握。与此同时，分裂的意识越来越不堪忍受。这一分裂渐渐把自我意识变成了自我欺骗。意识形态把握住了一个事实：主体的越来越无力，它的世俗化，同时也是世界的失去和对象化。黑格尔之后的第一个原创哲学，克尔恺郭尔哲学，之所以被叫作内在性的哲学，不是没有道理的。然而克尔恺郭尔的哲学恰恰把现实的、内在世界的和解从它自身中清除出去了。对内在性的反思，对它的设定以及它的生成环节，统统指向了内在性的真正废除。黑话使得许多内在性的范畴时髦起来，而上述矛盾

① 海德格尔,《存在与时间》, 第 150 页。

就使得黑话有助于内在性的毁灭。在德国资产阶级革命失败以后，内在性的历史从第一天起就是其覆灭的历史。主体越是无力，曾自觉承认为内在性的这一领域就越是萎缩为一个抽象的点，内在性就越发忍不住要自吹自擂，并投身于它所恐惧的那个市场。就术语表而言，内在性画地为牢，成了一种价值和占有物，它已经偷偷地被对象化所征服。它变成了克尔恺郭尔的噩梦，即纯粹旁观者的“审美世界”，其对应物将是内在地生存着的人。想要绝对地出物化之污泥而不染的任何东西都成了主体的不变属性。于是主体成了次等的物，最终成为大批量生产的安慰。可以从里尔克的诗句里找到这种安慰：“你可以和乞丐称兄道弟，可你依然是国王。”这是伟大的内在的精神之光给可耻的贫穷的安慰。

黑格尔和克尔恺郭尔之类的哲学家证明了自为存在的意识的不幸状态，他们对内在性的理解是和新教传统一致的：基本上是对主体的一种否定，是一种忏悔。继承者却把不幸意识变成了幸福的非辩证的意识，只保留了黑格尔在法西斯主义出现的一百年前就感觉到的那种狭隘的自负。他们清除了内在性中包含的真理性要素，也就是说，摒弃了能够让自我像世界之片段一样澄明的自我反思。相反，自我将自身设定为高于世界的东西，并恰恰因为这一设定而臣服于世界。如今，僵化的内在性崇拜它自己的纯洁性，据说存在的要素玷污了这种纯洁性。至少就这一点而论，当代本体论的开端和内在性崇拜是一致的。本体论从世界进程退回到自身，也是从主体性的经验内容那里撤出。康德以一种经典的启蒙态度，对内在性概念采取了对立的立场。他把心理学所讨论的经验主体当成一种有别于先验主体的“物中之物”，并且把经验主体归于因果性范畴之下[①]。对内在性的激情颠倒了康德的强调重点。他们洋洋得意地蔑视着心理学，却没有如康德那样将所谓“扎根于个人”献祭给先验的普遍性。可以说，他们首鼠两端，两边下注。因为主体（由于对主体的心理学规定）变成了外在性的一个要素，所以他们对本能冲动的敌意所造成的内在性禁忌就变得更为僵硬。这些禁忌在雅斯贝斯的书里格外愤怒[②]。但是在对真正的满足的压抑中，在把满足偷梁换柱为单纯内在的满足（即自我满足了自我）时，所有的本真性专家，乃至早期的海德格尔，意见是一致的。早期海德格尔也把“享乐的能力”放在非本真性的范畴中[③]，而在《存在与时间》中，他肯定了雅斯贝斯的命题，世界观的心理学根本不是心理学[④]。同样令人作呕的精神分析的语言实践把“享乐的能力”敲进了病人身体里，却从不考虑有什么是可以享受的，也是颠倒黑白。然而，如果内在性既不是存在者也不（像一直以来那样）是主体的普遍性，那么它就变成了一种幻想的伟大。如果任何存在者，甚至心理的存在者，都从主体中切除了，那么剩下来的东西就会和先验主体那般抽象了，作为此在的个体内在性却想象着自己如此伟大。在存在主义的原初文本中，例如在克尔恺郭尔的“致死的疾病”中，生存变成了对自我的关系，而不通往任何别的东西。事实上它成为一个被绝对化了的中介环节，而不考虑被中介的是什么；它从一开始就宣布了一项反对任何内在性哲学的判决。最终，在黑话中，内在性只剩下最外在的部分：选择了内在性的人认为这就标志着他们高人一等，接受了现

---

① 参见 Immanuel Kant, *Kritik der reinen Verunft*, B, pp.332 ff. (Die Amphibolie der Reflexionsbegriffe).

② Jaspers, *Psychologie der Weltanschauungen*, 3d ed. (Berlin, 1925), pp.132ff.

③ 海德格尔，《存在与时间》，第 51 页。

④ 海德格尔，《存在与时间》，第 285-286 页。尤其参见第 331 页。

实存在的人声称他们因此是有福的。不费吹灰之力，这一声称就变成了一种精英主义的主张，或是变成了依附精英的倾向，然后精英便急忙向内在性奔去。内在性变质的一个症候，是无数人都相信他们属于一个非凡的家族。本真性的黑话把人与自身的同一当成一种高级货来贩卖，它就把交换形式抛给了那些幻想“自己不可交换”的人。这是因为，作为生物学的个体，每个人都与他自身同一。不朽的灵魂去掉了灵魂和不朽，就只剩下了这个。

四

直接性的表象总体性，在如今仅仅成了标本的内在性中达到了顶点，这样一来，那些经常接受黑话的人就几乎无法看穿这个总体性。在其二手的源始性里，他们实际上找到的是一种联系，类似于纳粹主义的人民共同体的骗局让人民相信，所有亲爱的同志都互相关心，不抛弃，不放弃：永恒的形而上学救济。其社会基础是很清楚的。在向计划经济的过渡中，增强了异化意识的市场经济中的诸多中介环节都被置之不理，总体和原子化的个人之间的路径被缩短了，似乎两极彼此紧挨着。与此相伴而行的是传播工具的技术进步。这些工具，尤其是无线电广播和电视，无远弗届，使得人们根本注意不到无数的技术中介；播音员的声音就好像他坐在人们家里一样，似乎他在场，认识每个人。播音员从技术上和心理学上建立起来的人造语言——其典范是令人恶心的体己话“让我们下次再见”——跟本真性的黑话是一丘之貉。这里的关键词是“照面”：“书放在我们面前，这本讲耶稣的书非同寻常。它并非传记，通常意义上的‘耶稣的生平’，而是把我们引向了和耶稣的生存上的照面。”[1] 和谐的卫道士们瞧不上眼的抒情诗人戈特弗里德·凯勒，曾经写过一首题为《照面》的诗，一首大巧若

① *Archiv für Literaturwissenschaft*, 1960, 收入 Rudolf Bultmann, *Jesus*.

拙的诗[①]。诗人在树林里与她不期而遇，“我心独自渴望，伊人白衣白帽，洒满金色阳光。良人独自行走，我却羞于开口，无言擦肩而过。因我满心欢喜，见此宁静美丽”。朦胧的光是悲哀的光，“照面”一词从中获得了力量。然而这一悲哀却是和离愁别绪交织在一起的，是一种无法直接表达的强烈情感；从字面上看，诗歌仅仅描述了两个人的没有任何目的的照面，仅此而已。黑话用“照面”一词对凯勒的诗歌造成了永远无法修复的伤害，远甚于工厂对风景的伤害。“照面”远离了它的文学内容，而通过文学内容的理念化，“照面”成为一个实用概念。在这个社会里，人们的互相结识基本上都是偶然的，在这个社会里，从前经常被人简单地叫作“生活”的东西日益消融了，而在它维持原状的时候，它仅仅是要忍受的对象，因此在这个社会里再也没有凯勒式的邂逅了，只有电话预约的约会。正因为没有了，所以照面得到了赞誉，有组织的联络被涂抹上亮丽的色彩，因为它已经掉色了。相伴随的语言姿态是眼对眼，就像独裁者那样。任何直勾勾地盯着别人眼睛看的人都希望把对方催眠了，希望能控制他，并且总是带着威胁：你真的忠于我吗？不是叛徒？不是犹大？对黑话的心理学解释将发现这个语言姿态里有一种无意识的同性恋移情作用，这恐怕也能够用来解释黑话的鼻祖们对精神分析的坚决拒斥。眼对眼的疯狂目光利用的是种族的妄念，它想要一个密谋者的共同体，一种我们是同一类人的感觉；它强化了族内通婚。净化“照面”这个词并严格规定其用法的欲望，必将通过不可避免的秘密契约，而和纯洁性、源始性一道成为黑话的基本要素之一——尽管源始性这个黑话要素恰恰是照面想要逃离的。

---

① 参见 Bruno Russ, *Das Problem des Todes in der Lyrik Gottfried Kellers*, Ph.D. diss.(Frankfurt a. M., 1959), pp.189 ff., 200ff.

“照面”一词的遭遇满足了一种特殊的需要。那些由于被组织起来而否定了自我的“照面”，那些诲人不倦地鼓励我们友善、忙碌和巧取豪夺的“照面”，只不过是已经不可能的自发活动的伪装。以为谈论压迫便是在解除压迫，纯属自欺欺人、自我安慰。交谈不再是说清楚事项的手段，而成为目的本身，并替代了交谈应有的后续。“照面”一词中的剩余物——暗示着当那些人奉命集中起来交谈的时候就发生了某种本质的事情——的核心是欺骗，而从“关怀”一词中推论出来的帮助也是欺骗。那个词曾经指的是“疾病”。黑话依靠这一点：似乎个人利益同时也是他的麻烦。它祈求着慈善，但与此同时，由于它要求着人的本质，所以它操练着恐怖。人必须臣服于一种超越性的权力，该权力要求人“知觉”（还是黑话）这一关怀。仍然为今天的“好心有好报”的套话所利用的古代迷信，被黑话变成了生存论上的障眼法：时刻准备着拆东墙补西墙，以压榨存在来帮助存在的现状。

与此相对立的——无疑会让本真派怒不可遏的——是美国人在交际中的用法。在美国，“肯合作的”意味着提供给别人的服务是没有酬劳的，起码是把自己的时间任由别人支配，因为说不定哪一天就会得到回报，毕竟“人人为人人”嘛。但德国式的关怀是从资本主义的交换原则发展而来的，那时，交换原则仍然占统治地位，但是自由主义的等价交换的规范已经瓦解了。所以整个黑话的语言学特征是动态的：它厌憎的东西其实并非一向如此[①]。在喋喋不休地扯着黑话的照面中，在黑话所唠叨的照面中，它和它用“照面”一词指控的东西站在一边，也就是说，和这个被过度管理的世界沆瀣一气。通过一

---

① 作者本人的著作让他学到了功能的变化。在美国写的《新音乐的哲学》一书里，他并没有意识到要警惕德语的“照顾”一词。只有一位德国批评家向他指出了这个词的傲慢之处。然而，他虽然讨厌黑话，却也受到了其污染。因此，我们必须倍加警惕黑话。

种“不适应”的仪式，它适应了那个世界。即便是希特勒的独裁也追求共识，它在那儿检查着自己的群众基础。最终，在形式民主的条件下，独立了的行政管理随时都想要证明它是为了被管理的全体而存在的。因此，她向黑话抛来媚眼，黑话也对已经变得非理性的、自给自足的权威眉目传情。黑话证明了它自己是一种负面的时代精神。它把社会有用劳动导入了马克斯·韦伯已经观察到的趋势之中，即行政管理在他们所谓的“文化领域”中不断扩张的趋势。事实上，有无数的场合让行政管理官员、来自法学或管理学的专家觉得他们有义务讲讲艺术、科学和哲学。他们不想显得枯燥无味，而想表明他们有着同样的专业精神，只不过他们的活动和经验中不太涉及另一领域。如果一位市领导在哲学家大会上发言，那么如他的头衔所示，他的指导原则已经是面向行政的了，然后他必须让任何提供给他的文化材料派上用场。这就是黑话。黑话对他的保护使他不必认真地谈论当前的事项：由于他对此一窍不通，这一任务原本十分讨厌。现在他却能假装对这个课题略知一二。黑话之所以如此合适，是因为其性质决定了它总是把不在场的具体性的表象与其高贵化结合在一起。如果敌视功能的黑话不能满足这种功能要求的话，那它也不会成为第二语言，即成为一种无语言和非语言。不对任何理性负责的黑话鼓励人变得更崇高——只要他同时变得平庸。黑话在精神层面复制了官僚制在现实中施加的魔咒。可以将黑话描述为“行政职位的瘫痪性的意识形态复制品”。卡夫卡的干巴巴语言将两者的恐怖呈现给我们了，而卡夫卡的作品本身当然是和黑话完全对立的。当人们被迫向行政部门的那些不容商量的窗口祈求着什么的时候，他们大致能感受到社会的管理暴力。和这些窗口的喉舌们一样，黑话直接向人们讲话，而不容人们分说。此外它的谈话还让人们觉得坐在柜台后面的真的就是一个人，像姓名牌上标的那样。黑话的救赎模式是隐性的权力模式，借用了法院的等级制度。

因此，加了本真性作料的官僚制语言只不过是适宜的哲学语言的堕落形式，但它已经预先构成了那一哲学的最有声望的文本。海德格尔喜欢用的“首先”（它和笛卡尔的“第一……然后”同样根源于推论程序）遵循着哲学体系化的精神，将思想嵌入了议事日程；就像商业行程表那样，他用令人窒息的进程安排——“但是在我们……之前，还须先做深入的基础分析”——把任何无法安插进来的事项推迟：“本章的任务是解说‘在之中’本身，亦即解说此之在。这一章分为两部分：A. 此在的生存论建构；B. 日常的此之在与此在的沉沦。”[①] 这种学究气仍然鼓吹着一种所谓激进的哲学思考——被称为可靠的科学。此外，这种学究气还酿成了一个附带的后果：它永远到不了哲学所允诺的地方。这一切的始作俑者是胡塞尔，在其详尽的预备分析中，人们很容易忘记主要的事情；然而，批判的反思将首先抓住拘谨的详细工作推到它面前的第一个哲学命题。即使它像可敬的德国唯心主义前辈那样断言“结果不值一提”，它也不能丧失策略的灵活性。卡夫卡的世界里的行政机关同样逃避做决定，然后突然就毫无根据地逮住其牺牲品。人格性和非人格性在黑话中的相互代换、物的人化伪装、人的真实的物化，全都是对管理情境的熠熠生辉的复写，其中，抽象的法律和客观的行政秩序都披上了面对面做决定的伪装。希特勒统治早期的那些冲锋队员的形象是令人难忘的。在他们那里，行政管理和恐怖相得益彰：文件夹在上，长筒靴在下。本真性的黑话在“使命”之类的词里保留了这一形象。这些词蓄意模糊了行政管理的安排（无论公

---

① 海德格尔，《存在与时间》，第 155 页。

平与否）和绝对的禁律之间的区别，模糊了权威和情感之间的区别。把“使命”一词纳入黑话，也许是受到黑话的奠基人之一里尔克的诗《杜伊诺哀歌》的第一首的启发。许多年来，每一位雄心勃勃的私人讲师都觉得自己有义务分析那一句哀歌：“这一切皆是使命。”[①] 这一句表达了一种模糊的感觉，某个无法言说的经验要素似乎想从主体那里要点儿什么。像在《古代阿波罗石像的残躯》[②] 中那样，“很多星星需要你的觉察”[③]。诗歌为这种使命感增添了一种无约束力和无所谓，尤其是作为抒情主人公的表达：“但你是否已经完成？”[④] 在审美表象的庇护下，里尔克把“使命”一词绝对化了，并且在诗歌的推进中限制了他的情怀已经宣告的要求。黑话只要以举手之劳去掉这一限制，便可笑纳已经被可疑的蹩脚诗人绝对化了的“使命”一词。新浪漫主义诗歌与黑话不无相似之处，或者说，它至少羞怯地为黑话铺平了道路，但是我们并不应该拿这一诗歌的形式兴师问罪。一种非常幼稚的观点认为，诗歌与散文的混合文体乃是万恶之源，这是毫无根据的。基于同样的原因，两种文体是同样虚假的。新浪漫主义诗歌之罪恶在于遣词用句的神学泛音，这一泛音奠基于此处说话的主体的孤独而世俗的状况：宗教作为装饰。在荷尔德林那里，也就是在这一类遣词造句的蓝本那里，尚未出现黑话的兴风作浪——无论黑话的指挥官们如何肆无忌惮地把他们的手伸向手无寸铁的天才。在抒情诗里，也和在哲学中一样，黑话的规定性在于它假定其真理性的方式：它想象了一个目标，一种跟主体没有任何对抗的存在。这使得它在一切逻辑推理的判

---

① Rainer Maria Rilke, *Duineser Elegien* (New York, n.d.), p.8.

② 参见 Rainer Maria Rilke, *Der neuen Gedichte anderer Teil* (Leipzig, 1919), p.1.

③ Rilke, *Duineser Elegien*, p.7.

④ *Ibid.,* p.8.

断之前就已经成为谎言。表达是自给自足的。因为怕麻烦，所以它觉得它没有义务表达任何不同于它的事物，也就无需表达它和事物之间的差异；这样一来，它和事物的差异就变成了无，为了谢恩，这个无被它变成了至尊无上。里尔克的语言仍然处于这一切的边缘，就像这个前法西斯时代的诸多非理性主义那样。里尔克不仅制造着黑暗，也指明了若干脱离了物化的理性并抗议着物化理性的潜意识材料。哀歌的“使命”一词想要唤起的那种被触摸的存在感，其实就是这样一种潜意识。一旦它将自身对象化了，一旦它像它的非理性所做的那样，夸耀自己是确定的、明白无误的东西——从海德格尔的顺从而咄咄逼人的思想，到黑话用来狐假虎威的所有那些布道和召唤——那么它立即就变得让人无法忍受了。这是因为里尔克在这首诗里直接说出的“使命的多重意义”一语将涤除多义性。另一方面，这里已经像黑话那样，提出了没有责任行动者的使命，随着对使命的这一用法，一种普遍的存在概念已经呼之欲出了。那还是和早期里尔克的手工艺式的虔诚相一致，尤其是《时间之书》里的那种虔诚，用神学的词句使心理的东西屈从于某种提纯过程。抒情诗允许自身采用任何隐喻，甚至是完全非隐喻的比喻。抒情诗的情绪暗示给主体的那些事物是否具有客观性，不会让它烦恼。抒情诗从文化中采撷来的词句是否掩盖了诗歌正要对象化的那种经验，也不会让它烦恼。因此，正因为这首诗磨掉了真理的棱角及其词句的精确性——哪怕最模糊的词也是一种明确的模糊性，而不是什么不确定的东西——所以纵然它才华横溢，仍然是很糟糕的抒情诗。关于它“提升自我的要求”的争论，亦即关于它的内容的争论，同样也是关于它的形式的争论，这种形式使它自认为具有了超越性，这样一来，它就成为一种比审美表象更危险的表象。表象背后的糟糕真理恰恰是使命同行政管理的纽带，该纽带为了行政管理而否定了表象。行政管理的词句是档案号或印章，或公文语言的“事由”，在那里，它仍然是黑话的使命想要掩饰的东西。对个别字词的挑剔目光——似乎它们仍然像在海德格尔之前的观念现象学的日子里那样，可以进行词典式的词条讨论——已经是官方规定的清查存货的先兆。任何从这一切当中炮制出意义的人，任何为今天的纯洁词句做接生婆的人，都把这一切变成了强制，而没有考虑到存在哲学的神圣权力。禁止一个词被混用为它最邻近的意义，这种方法在客观上无异于一个小官僚，他监视着所有事物，使它们都严格地处于其范畴之中，就像他本人一直严格地属于工薪阶层那样。就连死亡也被编入了蒙学课本，无论是在冲锋队的规定里还是在生存论哲学中。繁文缛节骑着柏伽索斯（Pegasus）这匹飞马，而其最终的灵感来自《启示录》里的飞马。被黑话作为其核心的“太阳”将该方法的黑暗秘密大白于天下，它就像行政手续的方法那样急切地取代了它所追求的目标。一般说来，黑话就是这样行事的。无论手头的事物是什么，它们都被指定的目的所征用。像从前的大哲学那样，语言不再源自主题材料的必要性。这种语言操作的冷漠态度成了语言的形而上学，似乎成了就形式而言高翔于相关事物之上的东西，由此它将自身确立为更高级的东西。被尼采斥为“不诚实”的哲学体系在理论上越不可能，那些只能栖身于体系的东西就越是变形为空洞的保证。语言上的空话实际上是瓦解了的体系严格性的继承人。其实，就像一个无用的建筑那样，它总是会崩塌为瓦砾，陷入胡扯。

在本真性的粗鄙黑话中，“使命”一语将自身树立为不容置疑的权威。绝对化的用词手法掩盖了这一术语的可错性。它遗漏了对发布使命的组织和人的考量，从而将自身确立为极权主义秩序在语言上的鹰隼。它在这么做的时候并不对篡夺了领袖魅力的那些人的权利进行理性的审查。羞涩的神学和世俗的无耻结为同盟。本真性和黑话与旧时的课堂用语有着交叉联系，正如图霍尔斯基（Tucholsky）曾经注意到的那样："这里是这样做的。"军事命令的把戏也是如此，它给祈使句披上了陈述句的伪装。清除了最高意志在语言上的一切痕迹之后，追求的目标反而更加得到了强调。它给人一种必须服从的印象，似乎所要求的东西已然是既成事实。"这次行程的参与者，记住我们的英雄，在吕内堡集合。"海德格尔将句子里的助动词写成斜体的时候，也发出了清脆的鞭子响："死亡在。"① 祈使句到陈述句的语法变换使得祈使句成为绝对命令。这一命令不得违抗，因为它不像康德的绝对命令那样是普遍的义务，而是把服从描述为一个已经完成的事实。在逻辑的形式上，可能的抵抗被消灭了。在社会能够设想的全部范围之内，理性提出的反对意见都是被禁止的。这样一种非理性，在兜售神话的时候仍坚持自称为思想的那一要素，当然是康德的启蒙的污点。康德的启蒙欺骗性地断言，为了正确的行动，人无需认识绝对命令。与此同时，如果绝对命令真的与理性原则一致，那么它就会相信每个行动者都有理性，就像哲学的理性那样是毫发无损的。

克里斯蒂安·许策（Christian Schütze）曾经发表了一篇讽刺小品文，题目叫作《节日讲话模板》。它以强大的喜剧力量揭示了黑话：

"最尊敬的总统阁下，部长先生，国务卿先生，市长们，咨议们，厅长们和助理们，敬爱的文化界的朋友们，科学界的、工业界的和自主创业的中产阶级的代表们，参加今天的节日集会的各位尊敬的女士们、先生们！

"我们今天在这里隆重集会，庆祝这一节日，并非偶然。在我们

① 海德格尔，《存在与时间》，第 297 页。

这样的时代，真正的人类价值从未像今天这样成为我们最深切的关怀，所以我们有必要发一个声明。我并不打算给你们一个巧妙的解决方案，我只想拿出几个我们都要面对的烫手山芋来，供大家讨论。我们不需要现成的意见，那并不能深深地打动我们，相反，我们需要的是真正的对话，能够促进我们人类发展的对话。我们今天聚集到这里来，是因为我们都认识到照面在人际关系中的力量。事物定居在这个人际关系中，属于这个领域。我想我不需要解释我说的意思。大家都懂的，在一个特殊的和非凡的意义上，你们和人民休戚相关。

“在我们这样的时代——我刚刚已经提到了——物的外表到处开始动摇，一切都日益取决于理解事物本质的个人，他们理解这样的物，理解物的本真性。我们需要能做到这一点的开放心灵。这些人在哪儿？——你们可能会问我，而我将回答你们：就是你们！你们聚集在这里，这个事实本身就已经胜过了千言万语，证明你们已经准备好担负起你们的关怀。因此，我真的要感谢你们。但我还要感谢你们的是，通过你们对这一美好事业的承诺，你们积极地抵抗了那威胁着要淹没我们周围的一切事物的唯物主义大洪水。

“让我开门见山，直奔主题：你们到这里来，是为了找到方向，是为了倾听。从这一照面开始，你们期待着在人际关系的层面上为同事氛围的重建做出贡献。你们期待着恢复那种亲如一家的温暖，而在我们现代的工业社会中，它的严重缺失似乎达到了极为可怕的程度……

“然而，对于此时此地的我们的具体情况而言，这意味着什么？问题说出来了，就意味着问题提出来了。其实还不止那些。它意味着我们遭受了它，它逮住了我们。我们不应该忘记这一点。但是在我们匆忙的日常工作中，现代人太容易遗忘它了。然而，属于沉默的大多数的你们知道它。因为我们的问题源于一个应该由我们看护的领域。源于这一状况的全部困惑开启了视域，我们不要仅仅厌烦地扭过头去，从而阻止了这一视域。重要的是用心去思考，把人类的天线调整到同一波长。今天，没有比人更知道最终取决于什么了。”①

现在，万事俱备——“最深切的关怀”、“真正的对话”、“物的本真性”，让我们隐隐约约联想到海德格尔的“人际关系层面上的照面”，“自行提出的问题”，乃至有些不合时宜的“沉默的大多数”的后备军。冗长啰唆的讲话用职位来称呼到会的显要人士，并且让整篇讲话从一开始就屈从于一个看不见的管理目标。而当讲话者的具体诉求对象尚不明确的时候，黑话就把它揭示出来了。关怀的事情是企业内部的工作氛围。称听众为“在特殊的和非凡的意义上和人民休戚相关”，便能够暗示对人的那种领导，其中，人仅仅是领导本身的借口。与此严丝合缝的是关于“唯物主义大洪水”的不可摧毁的词句，血气方刚的经济领导人经常这样咒骂那些依赖他们的人。这是黑话的崇高性的存在基础。在其口误中，黑话承认了行政管理是其本质。据说，人际关系的层面将为“同事氛围的重建”做贡献，而把“层面”放在“人际”的旁边，并让人联想到“我和你”，这就既是社会科学而又有亲密性了。层面——国家层面、联邦层面——指明了司法和行政职责的区划。“用心去思考”的劝告（帕斯卡的箴言“思考主要来自心”）是商人自始至终推崇的，而跟它同一档的是“人类的天线应调整到同一波段”。全部内容都是花里胡哨的胡说八道，比如“问题说出来了，

---

① Christian Schütze, “Gestanzte Festansprache,” 载于 *Stuttgarter Zeitung*, Dec. 2, 1962, 转引自 *Der Monat*, Jan., 1963, p.63.

就意味着问题提出来了”，又如“没有比人更知道最终取决于什么了”。这种胡说八道在世界上也有其合理的基础。它隐瞒了它和它的目标均被操控这一事实。因此，就像它用行政管理的德语所言，一切内容都被“置于括号中”。与此同时，内容的表象不应否定，用同样的那种德语说就是，谈话对象必须“听从”（spuren）。目的、意图本身收缩为一种世俗的无目的的语言，效忠黑话本身的客观决定因素，而黑话在其包装之外别无任何内容。

五

黑话后知后觉地适应了1925年左右的哲学需求。那是一种在总体的抽象状态中努力追求"经验、思想和行为的具体化"的哲学，尽管全部现实都面向了某种抽象的东西，亦即交换。因此黑话既不能够也不愿意将被谴责为抽象的要素给具体化。黑话兜了一个圈子：它想要直接成为具体，而不滑向单纯的事实性，于是它被迫变成神秘的抽象，变成了海德格尔本人的学派（即现象学）曾经破口大骂过的那种形式主义。这一点从生存本体论的理论批判中就可以领会到；首先是从《存在与时间》的"本真性"和"非本真性"这一对概念中。在那里，对具体性的冲动已经伴随着一种袖手旁观的态度。话语似乎来自永恒性的深度，要是把那称为内容，恐怕就亵渎了它，然而这一深度想成为内容，内容也想表达自身。海德格尔以退为进的辩护技巧发生在"纯粹的和令人恶心的高度"——用黑格尔在和赖因霍尔德论战时说的话来说[①]。海德格尔和赖因霍尔德一样，为了"步入庙堂"[②]而进行着没完没了的礼仪基础练习，哪怕今天没有谁胆敢在猫的脖子上拴个警铃了。海德格尔根本不是不可理解的，这种说法不过是拾实证主义者的牙慧罢了；然而他在自己周围画了个圈，认为对他的任何

① G.W.F.Hegel, *Werke*, H. Glockner ed. (Stuttgart, 1958) Vol. I: "Differenz des Fichteschen und Schellingschen Systems", p.43.

② *Ibid.*

理解都是对他的误解。这一思想打算拯救的是无可救药的东西，反过来，这一思想本身也变得无可救药。该思想驱逐了一切内容，从而就变得无可辩驳。据说，一旦将形而上学转译为本体上的（存在者层次上的[①]）陈述，就会失去这种无可辩驳性；存在者层次上的陈述不是不受欢迎，而是各门具体科学的“份额”[②]。即使是对本真性和非本真性，也是小心翼翼。海德格尔躲开了对他在画“黑白画”的指责。他说他不是在给哲学判断下指令，而是提供一些描述性、中性的术语（早期的现象学称之为“研究”，韦伯则称之为“社会学的价值中立”，后者是海德格尔本人反对的说法）：“存在有本真状态和非本真状态——这两个词是按照严格的字义挑选来作术语的——两种样式。这是由于此在根本是由向来我属这一点来规定的。但是，此在的非本真状态并不意味着‘较少’存在或‘较低’存在。非本真状态反而可以按照此在最充分的具体化情况而在此在的忙碌、激动、兴致、嗜好中规定此

---

① Ontisch，字面应译为“本体上的”，今本中文版《存在与时间》的译者陈嘉映也倾向于这一译法，尽管他最终仍然按照同行的普遍意见，将其译为“存在者层次上的”或“存在者状态上的”。——中译者注

② 海德格尔在他论同一与差异的小册子里露出了马脚：“让我们姑且假定差异是我们的观念添加的一个附件。那么问题来了，它是添加到什么上面去的呢？或许有人回答说，加到存在者上面。很好。不过，存在者是什么意思？它是这样一个存在的东西，这究竟是什么意思呢？于是我们进入了所假定的附件，居于存在之下的差异观念。可是‘存在’自言自语道：存在，存在者在。只要我们想把差异作为一个假定的附件，我们就已经发现了存在者和存在之间的差异。这就像格林童话里的兔子和野猪那样：‘我已经在这儿了。’”（Heidegger, *Identität und Differenz* [Pfüllingen, 1957], p.60.）这里谈到的所谓本体论上的差异，借助了相当原始的系词实体化，其目的在于将差异在本体论上的优先地位转换为存在本身。这实际上就是海德格尔的方法。这一方法把一切可能的反对意见都当作已经在各个论点里辩护过了的要素，从而确保了它自身的安全。任何逻辑学家都能指出这些诡辩。思想投射的客观结构保护了这些诡辩，并将其合法化。

在。"[1] 在《存在与时间》的很后面,"常人"这个范畴被归并到非本真性之下。在这一章节中，海德格尔说:"阐释工作的意图是纯存在论的，它同日常此在的道德化的批判和'文化哲学的'旨趣大相径庭"，甚至"闲言"这个词在这里并不取其"位卑一等"的含义。[2] 加在"位卑一等"上的引号是娇气的形而上学戴的白手套。这种处心积虑的表演有很多好处。胡塞尔的文本里对科学的纯洁性的确证是这方面的范例。本真性的哲学需要附带条款，这样它就可以偶尔找借口说它并不是哲学。科学客观性的美誉增强了其权威性，而与此同时，本真性和非本真性的区别留给了任意性，也就是说，这一区分不需要理性的判断，从而十分接近韦伯说的"价值"。作弊的手法非常优雅，因为"挑选来作术语"的表达并没有剥夺主体选择其用法的自由，而是仍然保持着被海德格尔甄别淘汰的那些含义，那些用法仍然是它们的客观内容——语言哲学家海德格尔会第一个承认这一点。对于这一点，唯名论者要比后来的语言神秘主义者看得更清楚。按照培根的幻相学说，霍布斯已经注意到"人们在表达情感时经常会用一些词，好让这些词已经包含了对主题的特定判断"[3]。这一看法虽然无足轻重，然而当人们故意忽视它的时候，我们还是有责任提醒他们注意。作为对本质的一种偏见，海德格尔允许非本真性"按照此在最充分的具体化情况规定此在"。然而他随后赋予这一存在样式的属性词充满了敌意。作为忙碌和兴致，这些属性的特征是屈从于交换和商品世界，并等同于这个世界。当某人在为经商而经商时，当他把手段混淆为目的时，他是忙碌的。如果某人有兴致，那么按照资产阶级的游戏规则，那显

① 海德格尔,《存在与时间》，第 50–51 页。

② 海德格尔,《存在与时间》，第 195 页。

③ 霍布斯,《利维坦》，第 4 章和第 5 章。

然意味着他在照管他自己的利益，不然他就是把只为他的利益服务的东西伪装成客观实用的东西。嗜好也一样，按照小资产阶级的习惯，利润世界对人的扭曲被解释为人性的贪婪，似乎他们的主体性被骗光了是他们自己的过错一样。最后，海德格尔的哲学不愿意和提出此类问题的文化哲学有任何牵连。确实，文化哲学这个概念和社会哲学的概念同样荒唐。将哲学限定在某个特殊领域，就违背了“哲学应该反思制度性的分裂”这一事实。因为哲学本身源自这一分裂，并认识到必然分裂的东西其实是没有分裂的。由于这种自我限定，文化哲学认可了现象分裂为研究对象的不同领域，也许甚至认可了领域内部的等级制。在所谓的层级结构中，文化的位置几乎不可避免地是派生的、第二性的。因此，在这个领域里孤芳自赏的哲学会满足于官方授予的随笔作家的头衔，在这个头衔下面，它就避免了遗留下来的结构性问题，而这样一种哲学当然只能顽固地对那些问题置之不理。海德格尔对此心知肚明。他一方面很熟悉胡塞尔的本质哲学的（philosophisch-eidetisch）学科图式，另一方面也很熟悉直接面对客体对象的学科，他用唯心主义对物化的批判将两种学科熔化在一起。但是，在海德格尔那里，“文化哲学的”（kulturphilosophisch）这个词的泛音不绝于耳。他诋毁那些坚持第二性的东西，说它们就像寄生虫附着在已经生产出来的生命上那样。他对任何形式的中介都怒气冲冲，哪怕是对本质上就是中介的精神本身。海德格尔对文化哲学的敌视发生在这样一种学术氛围中：人们会敲打犹太人格奥尔格·齐美尔的肩膀，因为至少就其意图而言，齐美尔埋头于他的体系一直承诺的具体性之中，从而犯了传统哲学的忌讳——假如不研究西方形而上学的基本问题的话，起码也要研究一下它们的可能性。对文化哲学局限性的批判是鼠目寸光的。作为对未经破坏的本质的叩问，这种化学纯的哲学概念也是人提出来的，或者说是人造出来的，因此它们的价值和坐井观天的文化哲学一样小得可怜。纯粹的对象领域并不比文化这个对象领域更高明，无论这种纯粹的本质是具有真理性的哲学问题还是仅为解释或论证。它和文化一样，也是反思的规定。如果说，专门的文化哲学把生成的形式给绝对化了，使之对立于生成它的基础，那么基础本体论就隐瞒了它自身的文化中介，因为它见不得那对象化于客观性之中的精神。无论自然哲学的可能性在今天有多大，源始性现在占据了哲学地图中曾经被自然占据的那个位置。这一源始性既是基础本体论所蔑称的文化的一部分，又不是文化的一部分。文化也包含了社会的物质基础，那是人的劳动和思想的根源，是劳动成为现实的社会劳动的唯一途径。这并不是说经济基础和上层建筑的对立就不再尖锐了。在哲学上，自然应理解为历史，而历史应理解为自然。为此，贡多尔夫已经为格奥尔格发明了“原初经验和文化经验之间的对立”，但这不过是属于上层建筑的一种意识形态，其目的是模糊经济基础和意识形态之间的对立。他宣传的那些范畴，包括后来大获成功的“神性存在”范畴，被当作实质的范畴贩卖[①]，而恰恰在新浪漫主义中，文化中介——以青年艺术风格的形式——刺眼地耸立着。布洛赫正确地嘲笑了贡多尔夫对当今的原初经验的信仰。这些原初经验只是表现主义的残羹冷炙，海德格尔后来却凭借公众意见的恩典，把它们变成经久不衰的规范。他对文化的厌恶纯属他本人偶尔的离题，却是派生的经验的一个开端：这不是要避免的，而是应该放入意识之中。在普遍中介的世界上，一切原初的经验都是被文化预先构形了的。如果谁想要点儿别的，那他就得从文化的内在性开始，这样才能突破它。可是基础本体

① 参见 Friedrich Gundolf, *George*, 3d ed. (Berlin, 1930), p.269.

论假装它有一个外部的出发点，从而故意绕过去了。该本体论就以这种方式进一步臣服于文化的中介；文化的中介翻转为该本体论自身的纯洁性的社会环节。哲学越急于思考自身，急于离开社会和它的客观精神，就越深地陷于社会之中。它紧紧抓住了它的盲目的社会命运，唯一的命运，别无他路：用海德格尔的术语来说就是“被抛”进这一命运。这个术语很对法西斯主义的胃口。随着市场自由主义的崩溃，占统治地位的关系渐渐图穷匕见。它那露骨的诫命，地地道道的“贫乏时代”的法则，很容易被人当成源始性的东西。因此，在第三帝国的过度集中的工业资本主义中，人们就能够不苟言笑地高谈阔论着“血与土”。本真性的黑话延续了那一切，只是没那么具体，没那么暴力；它之所以没有受到惩罚，是因为那时的社会差别——比如被任命为正教授的公立学校教师与平步青云的教授之间的差别，或者致命的战争机器的官方乐观主义与过于专横地被向死存在感动的哲学皱眉之间的差别——偶尔会导致摩擦冲突。

海德格尔对文化哲学的抱怨在本真性的本体论中造成了致命的后果：被这一本体论起初禁止进入文化中介领域的东西立刻冲进了地狱。当然，这个世界已经足够像地狱了，它已经淹没在废话（亦即堕落的语言形式）的浊流中。卡尔·克劳斯将那一事实概括为“今天的词句诞生出了现实”——尤其是灾难过后的以文化之名兴起的现实。在很大程度上，那一现实就像瓦莱里所定义的政治那样，只有在那里，人才能阻挡住那些和他们有关的事情。海德格尔没有提及克劳斯，但他完全赞成克劳斯的上述看法，《存在与时间》中说：“听和领会先就抓牢话语之所云本身了。”[①] 所以交际和客套打断了事物和主体之间的联系，并使得主体恰恰没有看到“话语之所云本身越传越

① 海德格尔，《存在与时间》，第 196 页。

广，并承担起权威性；事情是这样，因为有人说是这样"[①]。但是，海德格尔所批判和诊断的"日常此在"这一消极的存在状态实际上是历史性的：精神与流通领域的纠缠处于这样一种历史阶段，这个阶段上的客观精神被经济的功利过程所掩盖，仿佛某种真菌窒息了思想的品性。这样的坏事（unwesen）产生了，然而它又是能够消除的；我们无需一边为此哀婉痛惜，一边又与之和平相处，似乎它就是此在的本质（wesen）。海德格尔正确地察知了"如此这般的"废话的抽象性，亦即它抽空了与其内容的一切联系，然而他从废话的"误入歧途的抽象性"中得出了它的"形而上学的不变性"的结论，无论这一结论多么可疑。如果在合理的经济中，广告的花费消失了，那么废话就会衰落。废话是社会结构强加于人的，在报纸公司这么干之前很久，这个社会结构早就否定了人的主体性。但是海德格尔的批判把"解放了的精神"理解为"在现实的纠缠下形成的精神"，并对两者不加区分，从而沦为意识形态。他谴责闲言，却不谴责野蛮，那才是闲言背后的真正主使；与野蛮相比，闲言本身要无辜得多。一旦海德格尔想让闲言沉默下来，他的语言就刀枪齐鸣："为了能沉默，此在必须有东西要说，也就是说，此在必须具有它本身的真正而丰富的展开状态可供使用。所以缄默才揭露出'闲言'并消除'闲言'。"[②]他的语言本身是从"消除"这样一种暴力语言出发的，这在他那里相当罕见。然而在希特勒的帝国中已经可以看出，这种语言的目标和它所指控的现实状况是一致的。海德格尔相信，在常人的统治下，任何人都无法为任何事情负责："常人到处都在场，但却是这样：凡是此在挺身出来决断之处，常人却也总已经溜走了。然而因为常人预定了一切判断与决

① 海德格尔，《存在与时间》，第 196 页。

② 海德格尔，《存在与时间》，第 192 页。

定，他就从每一个此在身上把责任拿走了。常人仿佛能够成功地使得‘人们’不断地求援于它。常人能够最容易地负一切责任，因为他绝不是需要对事情担保的人。常人一直‘曾是’担保的人，但又可以说‘从无其人’。在此在的日常生活中，大多数事情都是由我们不能不说是‘不曾有其人’者造成的。”[①] 那正是纳粹统治下的普遍的“执行命令”状态——刽子手们后来纷纷用“执行命令”作为免除自己的道德责任的借口。

当海德格尔谈到平均状态的时候，他对常人的描述最为逼真地描绘了现实，即交换关系：“常人本身有自己去存在的方式。前面我们把共在的一种倾向称为庸庸碌碌，这种倾向的根据就在于：共处同在本身为平均状态而操劳。平均状态是常人的一种生存论性质。常人本质上就是为这种平均状态而存在。因此常人实际上保持在下列种种平均状态之中：本分之事的平均状态，人们认可之事和不认可之事的平均状态，人们允许他成功之事的和不允许他成功之事的平均状态，等等。平均状态先行描绘出了什么是可能而且容许去冒险尝试的东西，它看守着任何挤上前来的例外。任何优越状态都被不声不响地压住。一切源始的东西都在一夜之间被磨平为早已众所周知之事。一切奋斗得来的东西都变成唾手可得之事。任何秘密都失去了它的力量。为平均状态操心又揭开了此在的一种本质性的倾向，我们称之为对一切存在可能性的平整。”[②] 那样的平整被描述为一种暴力，其施暴方式类似于精英所要求的“优越状态”。那种平整恰恰是精英最想施行的，但它和落在交换者头上的平整——使得人不可避免地被还原为等价形式——并没有任何区别；政治经济学批判用平均的社会必要劳动时间

① 海德格尔，《存在与时间》，第 148 页。

② 海德格尔，《存在与时间》，第 147-148 页。

来衡量价值。在对被否定地本体化了的“常人”的敌意中，对资本主义匿名性的反对意见操之过急地忽视了自我辩护的价值规律——这一痛苦无需任何词句说出它受的苦从何而来。当有着明显的社会根源的“匿名性”被分析为一种“存在可能性”，社会就被无罪释放了，然而正是社会取消和决定了其成员之间的关系。

词语的流动性无疑从一开始就自我贬低。在起作用的词语当中，和交换原则本身同时设定的“欺骗”抓住了精神；因为精神是离不开真理概念的，所以精神明目张胆地展示了在物质实践中，在自由公平的商品交换背后为精神构筑堡垒的东西。没有了流动性，语言就再也不能成为那种对事物的关系，海德格尔却以那一标准臧否交际的语言。语言哲学，在交际语言的问题上，应当研究一下量变是如何质变为闲言的，最好研究一下两方面的交叠；而不要专断地区分语言精神中的良莠。没有任何思想能将自身展开为“尚未思”却不带上海德格尔为之大动肝火的那种不负责任；在海德格尔那里，口语不同于本真地书写下来的词语，然而，就连那些词语也很容易被实证主义者批评为不负责任地超出了事实。没头脑和不高兴并不比闲言高明。语言的客观性特征再怎么警惕套话（phrase），也必须以被打断的表达流动性为前提：文雅的套话（urbanität）。不说套话，忠于事实，就没有人能够书写了，世界上就没有文人了；这一辩护似乎在屠杀犹太人之后变得非常适时。克劳斯本人是很蔑视文盲的，可能比他对文人的蔑视更甚。另一方面，关于闲言的终审判决虽然将闲言打成“消极的本体论”，却总是将套话合法化了，似乎那就是宿命。一旦闲言成了一种现身情态，那么人就犯不着为本真性沦为闲言而尴尬。这正是海德格尔本人的传奇经历。我们引用恩斯特·安里希的《德国大学的理念和德国大学的改革》中的一段话：“这并不是侵犯（学术自主）。我们清楚地知道，为了保卫大学，为了担负起我们对整个现实的责任，今天不可以把任何一种特定的哲学置于大学的中心；假如我们从这一希波克拉底誓言出发，要求学术共同体的每一位学者都以‘存在的根基和存在的整体’这一终极问题为指导来进行科学研究，那么这并不是侵犯。假如我们要求他们在共同体内部讨论和交流这些问题，那么整个共同体的尊严就在其中。假如我们可以正当地要求学生的学习触及专业的本质问题，也就是存在的观点以及对存在整体的责任，那么我们就必须要求教授在他的课程中阐明，他本人的研究是如何通过与这些问题的斗争而向前推进的。在这个意义上，他的课程应当是启发和唤醒的力量。”[①] 在组织机构的语境中，即一种并不普通的存在者层次上的语境中，上述句子使用了本真性的黑话，正如海德格尔的《存在与时间》里描绘的那种用法：典型的闲言。黑话有义务服从的权威仅仅是海德格尔哲学本身的权威。在相关章节里，作者用排比句式不断重复着“这并不是侵犯”，这一事实恰恰意味着要掩饰一种侵犯，这一侵犯就是对所谓存在问题的誓言（安里希本人使用的神话词语）。尽管作者也承认，今天不应该把特定的哲学置于大学的中心，然而，令人不安的存在问题似乎是不能批评的。无论是谁，只要他拒绝存在问题以及关于存在问题的胡扯，都应该被开除。安里希狡猾地抓住了一个事实：在有关存在的根基问题的那些套话中，天真无知的人仍然会听到抵抗“无精神氛围”的声音，而今天的人文科学已经陷于那一氛围中。学生的人权，他们对本质问题的需要，被混同于黑话，混同于海德格尔关于存在的本质神话学。大学丧失的精神被偷梁换柱为某一学说的垄断地位，然而，每当精神以理性的形式出现时，该学说总是

---

① Ernst Anrich, *Die Idee der deutschen Universität und die Reform der deutschen Universitäten*(Darmstadt, 1960), p.114.

会大喝一声:“哪来的异端?!”

和闲言概念一样，在备受肯定的上手性概念（这是安全观的哲学祖先）中，痛苦的经验也被解释为它的对立面。在农业的若干历史阶段中，以及在简单商品经济中，生产并不完全从属于交换，而是更靠近劳动者和消费者，他们之间的关系还没有被完全物化。离开了对先前的这些状况的记忆痕迹，是不可能创造出一个没有被扭曲、尚未实现的概念的；尽管那些状况给人带来的持久痛苦要比资本主义给人的痛苦更为直接。不过，被交换训练出来的同一化思维用概念的同一性抹杀了这些差别，并肢解出更为天真的同一性。被黑格尔和马克思在他们的青年时代谴责为异化和物化的那些现象，今天的所有人都自发地一起反对的那些异化和物化现象，被海德格尔做了本体论的、非历史的解释。异化和物化成了此在的存在方式，成了一种有生命的存在。在青年艺术运动的音乐爱好者的实践中，上手性及其对立物（在手性）的意识形态暴露出了本来面目：他们发誓，合适的小提琴应该由小提琴手亲自手工制作。既然手工艺的生产形式被技术所取代，并成为多余，那么伴随着它们的切近性也就像亲自动手（DIY）运动一样毫无价值了。物的非功能性的独立存在，也就是说，物从占统治地位的精神所强加的同一性强制中解放出来，还是一个乌托邦。它以总体的改变为前提。然而，在无所不包的功能性联系中，对所谓上手性的残余的任何本体论上的解释都在为那一联系镀金。因此，本真性的黑话一张口就像那些为自身而存在的人和物的声音。通过这一花招，黑话才真的成了为他的存在，成了一种有预谋的，以教育的面貌作掩饰的效果联系。确实，瓦格纳的“做德国人就是为做事而做事”这一口号加速了德国精神的出口。由于这一口号宣布了商品不存在，它促使德国精神在同更进步的西方国家的商品思维的竞争中获得了成功。这就解释了黑话里的手工艺成分。它为“艺术应该回归生活并在那里超越艺术也超越功用”的陈腐观念提供了庇护所。黑话在工业的阴影里追求手工业，既讲究又无聊。它收集了媚俗的生活改革家的那些冲动的复制品，实践则被埋葬于其下，从而回避了实现它们的无望试验。相反，语言挽起袖子，试图让人明白：在正确的地方采取正确的行动，要比反思更有价值。这样一来，对改变事物的实践不屑一顾的那种沉思冥想的态度便越发显眼地同情着此时此地，并服务于现有秩序中的任务。

在对好奇的分析中，海德格尔发现他不得不模仿历史的动力学：滋生出上手性理论的那些静态关系必然会被历史的动力学打破[①]。海德格尔让其拥趸们以“上手”的名为圣，而他自己则用一个连字符，将“去远”（Ent-fernens[②]）这一本体论上的可能性封为神圣。这是人将他们自己提升到“生活的再生产”这一纯粹直接性之上的可能性。然而，他滑向了对从囚禁中释放出来的意识的诋毁：“操心变成了对此类可能性的操劳：休息着，逗留着，只就其外观看世界。此在寻找远方的事物，只是为了在其外观中把它带近前来。此在一任自己由世界的外观所收攫；它在这种存在样式中操劳着摆脱它自身，摆脱在世，摆脱对日常切近上手的东西的依存。”“自由空闲的好奇操劳于看，却不是为了领会所见的东西，也就是说，不是为了进入一种向着所见之事的存在，而仅仅止于为了看。它贪新骛奇，只是为了从这一新奇重新跳到另一新奇上去。”[③] 对海德格尔来说，解放意识的路径是预先设定好的，是不可避免的，然而，解放了的人却和那些为职守所困的

① 海德格尔，《存在与时间》，第 200 页。

② Entfernens 一词的本义是“离开”。海德格尔插入连字符后，词头 Ent– 的意思是“去除”，词干 –fern 的意思是“远方”，所以《存在与时间》的中文版将其译为“去远”。——中译者注

③ 海德格尔，《存在与时间》，第 200 页。

人——他们既不相信艺术，也不相信从实践中解放出来的精神——一样不可爱。他将得到解放的自由意识等同于好奇。他对好奇的仇视跟他对流动性的敌意是一伙儿的，两者都浸染着同一句老生常谈：安居乐业。发生学的精神分析很清楚与儿童对性的探究相反的“去势威胁”；所谓超精神分析的本体论者却用野蛮的“不关你的事”召唤着去势威胁。在好奇问题上，思想家滥用了思想。如果没有好奇，主体将继续被囚禁在沉闷的重复性强制中，并永远无法开启经验。当然，这种启蒙观点并不是事实的全部真相。然而，海德格尔对常人的训诫并不能够改善他斥责的那些社会症状。他对好奇的反对意见仅仅来自一种不惜一切代价的点头称是：“好奇同叹为观止地考察存在者不是一回事，同 θαυμάζειν（惊奇）不是一回事。对好奇来说，问题不在于被惊奇带入无所领会；好奇操劳于一种知，但仅止为了有所知而已。”[①] 黑格尔在其争论文章中更深入地批判了好奇，不是把它当作一种现身情态，而是和死对象有关的物化意识的态度：“为了解放自己，居于哲学中的活的精神要求它自己诞生于一种相近的精神。它忽略一切始于利益而止于意见的历史行为，视之为外在的现象；它也不显现其内部。对于活的精神而言，扩大木乃伊的多余收藏和偶然性的聚拢堆积，似乎是无关紧要的事；因为它本身已经从对收集新知识颇为好奇的手里流走了。”[②] 好奇的可恶一面，就像它总体上的贪婪本质那样，是无法减弱的。但它不是一种探索的冲动，毋宁说，它是在儿童早期的拒绝压力下的反应，是从那一拒绝中产生的，而且它扭曲了想要从永恒同一性中解放出来的意愿。好奇的人的特征是，他们儿

---

① 海德格尔，《存在与时间》，第 200 页。

② G.W.F.Hegel, *Werke*, H.Glockner ed. (Stuttgart, 1958), Vol.I: *Aufsätze aus dem Kritischen Journal der Philosophie und andere Aufsätze aus der Jenenser Zeit (Differenzschrift)*, p.40.

童时期对性的真相的渴望从未得到满足：他们的欲望是可怜的替代物。这个人从与他有关的事物中抽身而出，可恶地让他自己混迹于与他无关的事物。他羡慕地为那些事物的信息而神魂颠倒，而他并不会成为其中的一分子。对自由的渴望的所有贪婪都是这样一种关系。海德格尔对纯粹本体上的（存在者层次上的）东西极为傲慢，所以好奇的起源对他来说是无关紧要的。他把残疾记为残疾者的过错，尤其是此在的过错。他在生存论上的担保变成了一种并未被关于好奇的无聊知识探明的，而是由其他因素决定的活动：这恐怕是关于"义务"的陈词滥调的哲学元历史。海德格尔按照他本人的学说，否定了一种纯粹本体论上的可能性，于是他成了贫困生活的倡导者。就像唯心主义的空话一样，本真性从一开始就是从贫困的一面构想其生存论的，从而忽略了并对立于满足和丰裕的一面。尽管本真性急于保持中立，急于远离社会，但它因此就站到了生产关系那一边，而生产关系非理性地维持着贫困的存在。当海德格尔最终把"无家可归"（die Aufenthaltslosigkeit）叫作"好奇现象的第三种本质性质"[①]的时候，他在掐诀念咒。他使用的是在宣传中得到证明了的暗示技术，也就是对想要达成的共识秘而不宣。流动性的快乐变成了对无家可归（Heimatlosen）的诅咒。"不断地被连根拔起"的"日常此在"[②]的对立面是"叹为观止地考察存在者"，根本不是对存在的考察。在1927年的哲学中，无根的知识分子带有颠覆分子的黄斑。

① 参见海德格尔，《存在与时间》，第201页。此处的"无家可归"，《存在与时间》中文版直译为"丧失去留之所的状态"。

② 海德格尔，《存在与时间》，第201页。

六

海德格尔的语言用法不自觉地揭示了这些社会因素究竟是如何深深扎根于本真性分析之中的。众所周知，海德格尔用此在代替了传统的主体性范畴，此在的本质是生存。然而，存在是“这里所分析的存在者，这种存在者的存在总是我的存在”[①]。这意味着要把主体性同其他一切存在者区别开来，此外，它想要禁止把此在“从本体论上把捉为某种现存的存在者族类中的一员和样本”[②]。这一建构受到了克尔恺郭尔的“自我的透明性”[③]学说的启发，它想要从某种存在者出发——在传统的认识论中，那一存在者属于意识事实的直接给定性；但是，与此同时，那一存在者被认为是高于事实的——和思辨的唯心主义中的自我一样。在无人格的“这里所分析的”背后，仅仅隐藏了一个事实：此在即意识。这一套话的入口是海德格尔的作案现场（*scene à faire*）。存在从一个抽象概念变成了某种绝对的前导，而不仅仅是被设定的东西，因为海德格尔揭示了一种存在者并称之为此在，它不仅仅是存在者，而且是一个纯粹的条件，却没有失去任何个性、完整性和肉身性。这就是黑话遵循的套路，最终有意无意地走向了厌恶。黑话治愈了此在的无意义之伤，并从理念世界召唤此在的救赎。海德格

① 海德格尔，《存在与时间》，第 49 页。

② 海德格尔，《存在与时间》，第 50 页。

③ 参见 Søren Kierkegaard, *Die Krankheit zum Tode* (Dusseldorf, 1954), p.10.

尔一开始就为这一救赎办好了产权证，他宣布个人拥有他自身。此在属于它自身，亦即它“总是我的存在”这一事实，从个性中被挑选出来，并成为拆除掉先验主体及其形而上学之后剩下来的唯一的普遍规定。个体化原则成了一条凌驾于一切特殊个体之上并对立于任何特殊个体的原则，它成了个体的本质。黑格尔辩证法中的普遍与特殊的统一变成了一种占有关系。于是它得到了先验哲学的地位和权利。“按照此在这种向来我属的性质，言语涉及此在的时候总必须连带着说出人称代词来。”[①] 本真性和非本真性之间的区别——地道的克尔恺郭尔式的区别——取决于这一存在者（此在）是否选择了自己本身，即它的“向来我属性”。在进一步的讨论之前，本真性和非本真性的区分标准就在于个人主体选择它自身作为自己的所有物的这个决定。主体这个概念曾经是用来反对物化的，现在它被物化了；而与此同时，犯下物化罪行的语言却在客观上嘲笑着主体的物化：这一语言用“向来我属”（jemeinigkeit）这个普遍的概念把主体性变成了对自身的占有，但这个概念听起来很像是柏林俚语里的“下流龌龊”（gemeinheit）。现在，任何打着生存论（或生存状态）之名义的玩意儿都坚持这一新的占有行为了。由于它是本体论上的，所以本真性和非本真性的二元选择就以个人是否为他自己做决定为标准了：该标准是最高形式的“属于自身”，却对现实有着极其重大的影响。一旦确立了这一最本体的本体论，哲学就不再受这一占有行为的社会起源和自然历史起源的打扰了，就可以宣布个人占有他自己了。哲学就不再需要关心社会和心理学在多大程度上允许一个人是他自己或做他自己，也不再需要关心这种自一性（selbstheit）概念中是不是再次窝藏着旧弊端。封缄于

① 海德格尔，《存在与时间》，第50页。

主体的同一性之中的社会关系，被“去社会化”为一种自在存在。不再拥有任何固定财产的个人，坚持着他自身的极端抽象性，将他自身作为最后的，所谓无法失去的私有财产。形而上学终结于一种可怜的慰藉：说到底，我还是原来的我。既然人不再是他们真实的自己，既不是社会的自我也不是生物学的自我，所以他们就拿自我同一性的残羹冷炙补偿他们自己，把它作为存在和意义的标志。这一无法失去的要素没有任何基础，只有它自身的概念，这种同语反复的“自我的自一性”为本真性和非本真性提供了所谓根基（海德格尔语）：本真性拥有根基，非本真性则缺失了根基。此在的本质，也就是比纯粹的此在更多的东西，只不过是它的自一性：它自己。海德格尔的哲学语言的问题并不在于其中充满了来自经验的形象——任何哲学语言都会充满哲学想要超越的那一经验的形象，而在于它把坏的经验转变为超越性。

海德格尔非常细心地拿出了他对“认识论批判的主观主义”这一指控的不在场证明。“向来我属性，或者说是本真生存着的自己的自一性，是和主体的我的同一性鸿沟相隔的，完全不是一回事。”[①] 否则，这一声称为思想新开端的唯心主义就会被打穿：海德格尔的存在最终就会被赋予许许多多的“行动”，就会变成费希特的绝对自我；和费希特的那种传统的，纯粹被设定的自我比起来，海德格尔的存在似乎被斩首了，成了无主体的主体。但是海德格尔和费希特的区别不是无懈可击的。如果这一区别——向来我属性属于现实的个人这一事实——不是预先规定的抽象原则的话，那么它在本体论上的优先地位将荡然无存。与此同时，就连旧式的唯心主义同一性也必须依靠

① 海德格尔，《存在与时间》，第 151 页。

事实作为它本身的可能性的条件，因为它恰恰是意识的“表象”的统一性。这一切在海德格尔的思想中再度泛起，海德格尔的重新解释把它变成了他的全部论证的枢纽，但它几乎无法被辨识出来。海德格尔的出发点反对一切可能的批评，就像黑格尔曾经反对反思哲学那样。据说，那些批评错失了一个新发现或再发现的结构，该结构一举超越了胡塞尔仍然用传统方式教诲的“事实和本质的二元论”。不仅是海德格尔的哲学，也包括拥趸们的本真性黑话，都依赖于这一结构的粉墨登场。《存在与时间》刚开篇没多久，当海德格尔还在讨论此在的优先地位的时候，便已经指出了这一点。海德格尔把主体性解释为一个无关紧要的概念：本质和事实其实是一回事。据说，此在的优先地位有两个方面。一方面，它是本体上的（存在者层次上的），即由生存规定的，换言之，此在规定了某种事实性、某种生存者。另一方面，“此在由于以生存为其规定性，故就它本身而言就是本体论的（存在论的[①]）”[②]。因此，某种与主体性相矛盾的东西立即被赋予了主体性：主体性本身即是事实和现实；此外，与传统哲学的要求保持一致，这一作为意识的主体性使得事实性成为可能，这样一来，它就成了对立于事实性的纯粹概念，成了本质，最终成了胡塞尔的本质自我。这种二元性不仅与传统的主体学说相对立，同时也是堕入分裂之前的绝对统一，它自称为重大发现。因此，海德格尔使用了拟古的学究风格。然而，他将这两种特性都赋予了此在，而没有考虑到这就违反了矛盾律。在海德格尔看来，此在的“在”不仅是本体上的，因为

① Ontologisch，字面应译为“本体论的”，今本中文版《存在与时间》的译者陈嘉映也倾向于这一译法，尽管他最终仍然按照同行的普遍意见，将其译为“存在论的”或“存在论上的”。——中译者注

② 海德格尔，《存在与时间》，第 16 页。

按照此在的概念，那只是同语反复；毋宁说，此在的“在”也是本体论上的。从此在的“本体上的”和“本体论上的”这两个谓词中就可以看到被错误理解的退化要素。“本体论上的”这一概念是不能隶属于某个基质的，也就是说，是不能作谓词的。是“事实”，这句话里并没有某个概念的谓词——自从康德批判了对上帝存在的本体论证明之后，任何哲学都应该小心别犯这种错误。而对于非事实性的概念，对事实的本质性来说，也是一样的。这种本质性位于概念同事实性的关系之中，尽管事实性被综合到概念里头了，但本质性绝不像海德格尔所认为的那样，是一种“就它本身而言的”性质，即属于事实性。严格说来，根本无法判断此在“是”本体上的抑或“是”本体论上的，因为那意味着此在是基质。因此，此在概念的意义不是概念性的。相反，“本体上的”和“本体论上的”是对不同的反思形式的表达，因而仅仅与此在的规定性有关，或者说，仅仅与这些规定性在理论中的地位有关，而和所指谓的基质没有直接关系。它们的位置是概念的中介地位。海德格尔却宣布这是自成一类的直接性。于是此在突然变成了第三方，而没有考虑到：海德格尔硬塞进这个第三方里的二重性，如果脱离了基质在概念上遭遇的东西，将是完全无法想象的。在海德格尔那里，“没有范畴的统一性就没有物的自身同一”和“没有被综合的东西就没有范畴的统一性”这两件事似乎是两个不同要素的基础，这两个要素则像是派生的。天地之间，没有任何事物本身就是本体上的或本体论上的；相反，一切事物都只有通过哲学把它带入的概念星丛才能够成为它自身。语言具有相关的手段，只要它谈及本体论的理论、判断和证明，而不是谈论某种毫不客气的本体论上的东西。通过这一对象化，它当然已经变成了本体上的，并且和所谓本体论上的东西（本体上的东西的逻各斯）针锋相对。在《存在与时间》

之后，海德格尔试图用他的方案来阐释《纯粹理性批判》，但他之前做的工作非常类似于康德批判的那种理性论的本体论，即反思概念的两栖性。海德格尔也许没有意识到这个错误，但它对他的方案有利。按照通常的术语学，一种被说成是“存在之本质”的存在者概念显然是本体论上的。然而，假如它无人觉察地成为自在的存在者的“本体论上的本质”，那么其结果就是一种先于反思概念的存在概念。首先发生在《存在与时间》中的这种“本体论领域的实体化”乃是海德格尔的全部哲学的命脉所系。两栖性表现在：被规定为“此在者”（Daseinende）的主体概念之中交织着两个要素，这样一来，主体概念仍然义无反顾地坚持康德对先验主体与个体意识统一性的锁定，简直是把主体规定为意识，规定为一切“此在者”的结构。这种交织是主体概念不可避免的。这是主体和客体的辩证法在主体内部的表现，是它自身的概念性的凭证。没有了中介，主体性就不能走向它的任何一个极端，而那分属不同的类别。由于概念的贫乏，上述这种不可避免性成了一种幻想中的事实：“中介的和被中介的要素的直接同一性”的中介。两个要素当然互相依存，但两个要素并不是一个要素，海德格尔的基本论点却这样认为。将二者同一，同一性思维就吞噬了非同一的要素：此在者——此在一词想要的东西。于是海德格尔偷偷重述了绝对主体的造物主特征，尽管这是所谓向来我属性的出发点想要避免的。此在的二重性，即本体上的和本体论上的，将此在驱逐出它自身。这就是海德格尔乔装改扮的唯心主义。主体中的存在者与概念的辩证法变成了一种更高级的存在，于是辩证法被中断了。虽然他自诩把握了主体和客体这两个反思概念背后的实体，其实只不过是将反思概念的不可消除性给物化了，将一个要素不可还原为另一个要素的这种不可能性给物化了，物化为自在之物。这是经常发生在黑话中的哲学骗局的标准形式。没有明确表示，没有神学，它就证明了本质的东西是现实的，同理可证，存在者是本质的、有意义的、正当合法的。

不管海德格尔怎么宣称，他的向来我属性乃至本真性最终导致了纯粹的同一性。做个对比就一目了然了。在对他来说的任何非本真范畴（所有那些常人的范畴）中，主体都不是它自身，而是和自身非同一的。例如，寻视（Unverweilen）这个范畴，是主体沉湎于世界之中①；主体屈服于某个他者，而不是维持自身，并“有所知地在真相中存在”②。意识的经验在黑格尔的现象学中是一个必需的要素，对海德格尔来说却是可恶的，因为他将意识的经验压缩为自我的经验。无论如何，同一性——这种自一性的空洞内核——取代了理念的位置。对自一性的崇拜也是反动的；恰恰在自一性概念已然解体的时刻，其概念却在海德格尔这里被永恒化了。晚近的资产阶级思想将自己改装为赤裸裸的自我保存，回到了早期资产阶级的斯宾诺莎原则。但是，假如某个人顽固地坚持他自己的单纯的如此存在，只因为其他一切都与他隔绝了，那么他就把他的如此存在变成了拜物教。割裂、固定的自一性只会变成一种外部性，主体变成了自己的客体，即主体保养和维护的对象。这样就从意识形态的角度回答了，为什么目前的现状正到处产生羸弱自我，并消灭了作为个性的主体。羸弱及其对立面都进入了海德格尔的哲学。本真性试图安抚羸弱意识，却变得跟它一样。本真性夺走了活生生的主体的一切规定，正如主体在现实中失去了一切特性那样。然而，世界对人做的事情却成了人的非本真的本体论上的可能性。从这一观点到通常的文化批判只有一步之遥了，后者趾高气扬地抨击着平庸、肤浅和粗陋。

---

① 海德格尔，《存在与时间》，第 200 页。

② 海德格尔，《存在与时间》，第 200 页。

在“本真的”一词成为术语之前，它强调的是对一个事情而言本质的东西，而和偶然的东西相对。任何对教科书的愚蠢案例感到不满的人都需要慎重，那肯定要比阐发的理论更能让他得到本质的东西。现象中本真的东西和偶然的东西几乎并不直接来自这一现象。为了在其客观性中测定它，首先要从主观上反映它。当然，一看便知，对一个工人来说，本质的东西是他必须出卖他的劳动力、生产方式不属于他、他生产出物质商品等等事实，而非他是郊区园丁俱乐部的会员，哪怕工人本人认为后者更本质。然而，一旦问题指向了资本主义这一中心概念，马克思说的就和马克斯·韦伯的语言定义泾渭分明了。本质和非本质的、本真和非本真的之间的区别在很多情况下都只是定义的任意规定，而和真相毫无关联。造成这种情况的原因在语言之中。语言对“本真的”一词的用法是飘忽不定的。像许多偶然的表达那样，这个词也会按照它的重量而起伏。对概念的本真性的兴趣进入了对这一概念的判断。概念里任何本真的东西都只有从某种区别于它的视角观察才是本真的。它并不完全居于概念本身之中。否则对它的判定就成了强词夺理。然而，与此同时，事物的本质要素也总是具有其现实基础。和幼稚的用法相反，唯名论错误地否认词的意义的客观性——仅仅因为该意义进入了语言的构型，并发生了改变。这一客观要素同那些仅仅主观地赋予意义的行为展开了坚决的斗争。对本真的东西中的这一客观要素的意识，是整个布伦塔诺学派，尤其是胡塞尔本人的基本冲动，它当然也进入了海德格尔的本真性学说。事物的本质不是主观的思想任意制造出来的，不是蒸馏出来的特性统一性。在海德格尔那里，这一点化身为本真的东西的光环：概念的一个要素化身为绝对的概念。现象学家把现实基础标定为本质的个别化。这一个别化本身成了物，成了一种现实，并且可以不用考虑概念的主观中介就直呼其名。在海德格尔的论证中，他想要避免胡塞尔的“本质和事实”的二元论，也避免所有唯名论的争论，但他仍然向胡塞尔纳贡称臣，因为他匆忙得出了结论，把本真性直接变成事物的规定，从而把本真性变成了一个特殊的领域。于是有了本真的东西的实体化，它被提升为一种生存状态，一种现身情态。通过所谓“对思维的独立性”，本质的东西的客观要素将自身提升为较高级的东西，最终成了凌驾于主体的相对性之上的绝对，成了至善，而与此同时，海德格尔又沿用舍勒的方式，将它作为纯粹描述性的诊断结果。语言的神经系统——当然会被本真的东西怀疑为一种堕落的东西——揭竿而起，反对本真派最喜爱的关键词：实体化。名词后缀（-keit）指的是某一事物所是的普遍概念。它总是某个特性的实体化。因此，“勤劳”（Arbeitsamkeit）是所有那些勤劳的人的共同特性的实体化。相反，“本真性”并没有赋予本真的东西任何特殊的性质，它只不过是个形式——相对于被这个词忽略不提的（也许是存心拒斥的）内容而言——哪怕是在作形容词用的时候（“本真的”）也是如此。这个词并没有说出某个事物是什么，而是提出了问题：事物是否实现了它的概念所设定的东西？还是它的表面存在对立于它的概念设定？无论如何，该词的意义来自它做谓词的那个主词的性质。但是名词后缀“-keit”诱使人相信，该词本身已经包含着那一内容了。纯粹的关系范畴被拖出来，摇身一变为具体的东西：通过这种逻辑，至高无上的世界就是现实存在的总和。新立的柏拉图比真柏拉图还要柏拉图，柏拉图本人起码在他的中期还让他的理念容纳一切事物，哪怕是最卑微的事物，并且根本不会把“善”等同于“事物和它的理念的一致”。可是，就连刑讯者也能够以当代的本真性的名义，提出各种各样的本体论上的索赔要求，因为他只是个真正的刑讯者。

现在，通过本真性和向来我属性的联盟，概念对事物的优先地位变成了纯粹的个别性。这一个别性类似于邓斯·司各脱的晚期经院哲学的“这个此”（haecceitas）——从个别性的不可消除性中，从它的非普遍存在性中提取出的一个普遍概念，乃是“本体的本体论化”的范式。对主观主义来说，关于主体反思的禁忌是很有用的：在传统哲学语言中，本真性就相当于那里的主体性。可要是那样的话，主体性就会成为本真性的仲裁者。既然本真性不要任何客观的规定，那它就是由主体的任意性规定的，那是本真的任意性。胡塞尔还维护的“理性的仲裁权”被取消了。从《存在与时间》的筹划概念中，还能找到对这种任意性的沉思的蛛丝马迹；实际上，筹划概念让各式各样的“本体论上的筹划”生长着，其中大部分是令人舒服的、掺了水的。后来的海德格尔机智地修改了这个概念。如果说，哲学思考者的筹划中也保留了某些反对实证性的思想自由，那么自由，作为存在本身的一个方面，就被赶到筹划里去了，就被赶到思想里去了。这一种显然的辅助理论的争议之处不会让海德格尔羞愧，正如傲慢自负的嫌疑不会让他羞愧一样：披上铠甲的人完全意识到他的位置是没有受到保护的，于是他偏爱最暴力的论战手段，而不会直呼主体性的名字。他巧妙地与本真性的主体向度进行周旋：对他来说，本真性不再是以主体性为中介的逻辑要素，而是在主体之中、此在本身、可以客观地发现的某种东西。作为观察者的主体规定了什么对（作为被观察者的）主体而言才是本真的：对死亡的态度。这种移花接木就夺去了主体的自由和自发性要素：把它们僵化为实体“此在”的一种属性，就像海德格尔的现身情态那样。对物化了的心理学的恨，把活人身上能够让他们免于物化的东西都给消灭了。作为一种活动方式，本真性属于主体的“是主体”，而不属于作为自主活动者的主体，这样一来，本真性就成了客体——尽管按照该学说，本真性“绝对不是客观的”；这样一来，本真性就成了主体的一种先于主体的、预先决定的可能性，而主体对它无计可施。这里的判断标准沿用了一个笑话的逻辑：人们责怪骑手为何要无情地鞭打他的马，骑手回答说，毕竟它开始成为一匹马了，因此就不得不奔跑了。本真性范畴一开始只是为了描述的目的而引入的，只是起源于较为天真的问题“事物当中的本真的东西是什么”，现在它变成了神话强行实施的命运。在完全自然的远方当中，一个将要高耸于一切存在者之远方的本体论结构，像纯粹的自然性那样强加于人。犹太人因此受到了惩罚，他们无论在本体论上还是在自然论上都成了这一命运。海德格尔的生存论分析的发现——主体只要占有自身，就会是本真的——高度赞扬了那些像占有财产那样占有自己的人，也就是说，他支配和使用自己，仿佛他只是他自己的财产；这同时是统治自然的原则的内化和神化。“恰恰在对人自身的此在的证明中，人是其所是。”① 对构成了“人的此在”的这种“人的存在”的证明，发生在“世界的创造和建立中，同样也发生在世界的毁灭和衰落中。对人的存在的证明也就是人的本真的完成，发生在决定的自由中。这就把握了必然性，并将它置于最高秩序的约束下”。② 本着黑话的精神，这一命题是十分高贵的，就像一个下级军官责骂着内心的那个下流坯。除了同语反复，我们在这里只能看到命令：集中思想。无独有偶，在存在主义哲学的鼻祖克尔恺郭尔那里，正当的生活完全是以决定来定义的。他的追随者们都一致赞成那一定义，甚至包括了辩证神学家和法国存在主义者。主体性，此在本身，只能在个人对他自身的绝对占有和绝对支配中寻找，而不用考虑个人实际上正深

① Heidegger, *Hölderlin und das Wesen der Dichtung* (Munich, 1937), p.6.

② *Ibid.*

陷于起决定作用的客观性之中。在德国，这些客观性的决定因素被“服从命令的义务”限制了，比如在对“军人的”（soldatisch）一词的拜物教中。这种义务是彻底抽象的，因而权力关系可以随心所欲地将它具体化。为了颂扬这种义务，生存本体论者和生存的哲学家埋葬了他们彼此之间的争议：“战斗者的行动。在最极端的条件下——生死攸关的时刻——做决定的力量来自决定的果敢，来自一种绝不会以完全相同的形式再度发生的独特情境中的果敢。这种行动的基本特点是准备冒险，同时目测到可能发生的事情，是精神当下的娴熟技艺。可以为这种行动制定规则，但就其本质而言，没有任何规则能够涵盖它。这一行动也并不起源于规则。我的本真的存在和可能性表现在最极端的情境中。”[①] 生存的发言人走向了颂扬英雄的神话学，即使他们没有意识到这一点。不受限制的、不受任何异质性阻碍的自我占有，跟自由几乎完全一致。只要人的规定性不再是强加于他们的，也就是说，不再是对自然的统治的快乐颠倒，人就会和他们自身的概念取得和解。那是本真性的哲学和黑话最不想要的。人的自我控制的存在被奉为神性实体，除了人的存在权利。并不想要结束控制，而是要让控制进入此在的存在。这一切都是德国唯心主义的老一套。这样一来，任何人想要谈论自由就不能不加一句“自由就是责任”了。一旦人从经验语言的字词中甄别出什么本真的东西才是它们的本真的意义，那么在任何具体的场合中，就只有现存世界才决定了什么是适用于这些字词的，什么是不适用的：世界成了事物应该存在还是不应该存在的最高法庭。今天，事物在其本质上仅仅是它在占统治地位的恶之下的东西；本质是否定性的。

---

① Karl Jaspers, *Von der Wahrheit*, rev. ed. (Munich, 1958), p.340.

七

《存在与时间》的第五十节，题为“标画生存论存在论的死亡结构的工作”，大言不惭地写着这么一句话：“在世的存在面临着太多东西的威胁。”[①] 法兰克福人有一句土话，“看看窗外你就全晓得了”。海德格尔把他的本真性观念概括为“向死存在”，仅限于这个层面上。这样的存在应该超越被贬为物性经验的有死性。但是为了本体论，他也很谨慎地把这一存在区别于对死亡的主观反思。本真的自己存在并不依栖于主体从常人那里解脱出来的那样一种例外情况[②]；它并非主体的意识形式。本真的向死存在不是“思考死亡”[③]，一种令垄断的哲学家十分不悦的行为：“在我们当前的世界贫乏中，有必要少点哲学，多留意思想，少点文学，多呵护文字。”[④] 他不赞成的态度，“‘想去死’思量着这一可能性究竟何时以及如何变为现实。当然，这种对死亡的思虑并没有完全消除死亡作为一种可能性的性质，它总是把死亡当作一件正在来临之事来思虑着；但是这样的思虑总是计算着如何支配死亡，从而减弱了死亡的可能性质。作为某种可能之事的死亡应

① 海德格尔，《存在与时间》，第 287 页。“然而，有很多东西可能悬临在世的此在”。

② 海德格尔，《存在与时间》，第 151 页。

③ 海德格尔，《存在与时间》，第 295 页。

④ 海德格尔，《关于人道主义的书信》，可参见《路标》，第 429 页，“在当今的世界困境中必需的是：少一些哲学，而多一些思想的细心；少一些文学，而多一些文字的保养”。

当尽可能少地显示其可能性。与此相反，如果向死而在必须将我们上文说明的那种可能性领会地揭示出来的话，亦即把这种可能性揭示为一种可能性的话，那些在向死而在中，这一可能性就必须不被减弱地作为可能性来得到领会，必须作为可能性来成形，并坚持把它作为可能性"。[①] 以某种据说更深刻的东西的名义，对死亡的反思被反智主义地贬低了，并且被"坚持"所取代，同样是一种内在的沉默姿态。我们可以补充一句，军官们按照学生军训的传统学会了死亡；这样做的好处在于，他不会用他的职责中除了杀死别人以外最重要的事来折磨自己。法西斯主义的意识形态已经把"为德国称霸而牺牲"彻底清除出了意识。从一开始，这样的牺牲达到它所宣称的目标的机会就很渺茫，自觉的检查会让它瓦解。1938 年，一位纳粹官员将社会民主党的标语改写为一句有争议的话："牺牲让我们自由"[②]。海德格尔同意这一点。1960 年，在《形而上学是什么？》的第 8 版中，他仍然原封不动地保留了以下的句子，而没有做任何机会主义的缓和："牺牲没有任何强制性，因为这种耗费源于自由的深渊：为了存在者，它把人的本质耗费在对存在之真理的维护中。在牺牲中产生了隐蔽的谢恩，只有谢恩才证明了那一恩典——在思想之中，存在把自己转让给了人的本质，从而使人在他和存在的关系中成为存在的守护者。"[③] 无论如何，一旦本真性再也不是必死性的经验状况，也不是与之相关的主观反思，那么它就变得高贵了。它实际上变成了种族的内在性特征，人要么拥有这一特征，要么就不拥有这一特征——除了同语反复地说享有它之外，关于这一特征就没有什么更多的可说了。因此，海德格

---

① 海德格尔，《存在与时间》，第 300 页。

② 参见 Herbert Marcuse's critique in *Zeitschrift für Sozialforschung*, III (1938), p.408.

③ 海德格尔，《形而上学是什么？》后记，可参见《路标》，第 361 页。

尔在他对死亡的补充讨论中不可阻止地陷入了同语反复的说话方式："它（死亡）是对任何事情都不可能有所作为的可能性，是任何生存都不可能的可能性。"[①] 说白了就是：人不再活着的可能性。有人或许会反驳说，对存在的存在状态的思考总是同语反复的，因为这些存在状态就是它们本身。可是，如果仅仅记诵词句，而不考虑任何思想的指谓，就会消灭思想本身。这一策略保护了他，使他可以拒绝得出任何结论；然而，哲学家还是从事实当中得出了结论。为了自身的尊严，本真性又一次将理论的贫乏，将不确定性转变为一种必须毫无疑问地接受的东西所下的命令。然而，应该多于纯粹此在的东西却从单纯的此在生存中吸着它的血，也就是吸死亡的血——死亡不能被还原为它的纯粹概念，那一概念反而恰恰和非概念层面分离。纯粹的同语反复，一边鼓吹概念，一边又拒绝定义那个概念，而是机械重复着概念：这不是智慧，而是暴力。总是强调关怀的黑话所关怀的只是把本质（"本真性"）等同于最纯粹的事实。然而这一强迫重复泄露了一大失败：暴力的思维不能把握住它应当思考的东西（假如它还想继续成为思维，就必须思考那些东西）。

暴力不仅体现在海德格尔哲学的语言形式上，也内居于其核心。那一暴力在于他的哲学用自我保存和死亡组成的星丛。自我保存原则用死亡这一终极理性威胁着其主体；而当这一死亡被当成该原则的本质之际，该原则就意味着死亡的神正论。这种关系并非纯属捏造。如黑格尔所见，唯心主义的自我，将自身设定为绝对并完全坚持自身的自我，将转化为对它自身的否定，并类似于死亡："因此，普遍的自由的唯一工作和行动就是死亡，而且是一种没有任何内涵、没有任何

---

① 海德格尔，《存在与时间》，第 301 页。

实质的死亡，因为被否定的东西乃是绝对自由的自我这个无内容的点；它因而是最冷酷最平淡的死亡，并不比切掉一棵白菜的头或者吞下一口凉水具有更多的意义。"[①] 因法国革命而感到幻灭的黑格尔所反对的一切，以及绝对自我的暴力本质碰到的东西，对海德格尔来说，非但不是批判它们的动机，反而是不可避免之事，因此是一条戒律。暴力和死亡是共谋关系，而不是表面上的联系。两种观点总是有着天然的联系：一是认为一切都应该毁灭，包括人本身在内；二是认为与此同时人应该继续追求狭隘的自我利益，同时叹息着"见鬼啊！"正如特殊性（作为总体的一个法则）在其消亡中实现其自身，盲目性（特殊性的主观伴随物）在它对生活的全部热衷里也有某种虚无主义的成分。

自从斯宾诺莎以来，哲学就不同程度地认识到自我与自我保存之间的同一性。在自我保存中维护了自身的"自我"同时也是通过自我保存而构成的；它的同一性是由它的非同一性构成的。这回响在最极端的唯心主义升华形式即康德的范畴推演中。在那里，意识同一性表达自身的"诸要素"是和统合那些要素的"意识的统一性"相互决定的，并且是和推演的目的相对立的——因为那些要素是绝对给定的，而没有别的任何要素。康德的"我思"是这种顽固坚持的唯一的抽象参照点，而不是相对于那个过程的独立性。就此而言，这已经是作为自我保存的自我了。海德格尔当然不同于康德的抽象先验统一性，他是按照胡塞尔的主体观来形成他的自一性概念的——胡塞尔的主体尽管是现象学还原的主体，然而将其经验存在"用括号括起来"之后，它似乎是具有全部经验的一个完全的主体[②]。但是海德格尔的具体自一

① 黑格尔，《精神现象学》（下册）。

② 参见海德格尔，《存在与时间》，第 151、301 页。

性是离不开经验的实际主体的；它不是本体上的（存在者层次上的）纯粹可能性，它本身始终就是本体上的。自我只有与这一内容，即与它的实际存在相联系，才是可理解的。不可能去掉本体上的东西，而保留一种作为本体的剩余物或作为本体的普遍结构的“本体论上的自我”；断言如此贫瘠的东西“本真地生存着”，是毫无意义的。为了做到这一点，海德格尔不仅独断而且徒劳地用他的此在概念反抗着同一性；但他仍然偷偷地沿用自我保存来定义自我，故而他延续着同一性学说的传统。与他的意图相反，他又回到了主体性的史前史，而不是从本体论上把此在揭示为源始现象；因为此在根本不是源始现象。但是他运用了自我和自我保存之间最内在的同语反复关系，似乎它是一个综合判断（用康德的话说）；似乎自一性是由自我保存及其对立面（亦即死亡）决定的，而自我保存本身的意义是跟死亡交缠在一起的。

只要海德格尔坦率地说话，他的此在范畴就会像早期的资产阶级思想那样，是由自我保存原则决定的，因此是由自我维持的存在者决定的。用他自己的话说：“操心的首要环节是‘先行于自身’，这意味着：此在总是为他自己而生存。”[①] 他不愿意读者望文生义地理解这个“为他自己”，但是语言的回声是无法消除的，事实如此。它无法从海德格尔的操心范畴中根除，在他看来，操心“构成了此在的结构整体的整体性”[②]。按照他的愿望，“整体存在本身必须被理解为向来是自己的此在的生存论现象”[③]，生存论取向必将从它所考察的个别此在中赢得胜利。在所谓的此在分析中，本体论的关键位置都留给了自我

① 海德格尔，《存在与时间》，第 272 页。

② 海德格尔，《存在与时间》，第 271 页。

③ 海德格尔，《存在与时间》，第 276–277 页。

保存。但是，死亡因此也有同样的地位。作为限制，死亡不仅决定着海德格尔的此在概念，而且在设想此在概念的过程中，死亡也与抽象的自我原则契合：抽象的自我绝对退回到自身，保持着自身。“没有人能够夺走别人的死亡”，就像康德的唯心主义说没有任何自我能够夺走别人的经验、他的“表征”那样。陈词滥调把过多的情怀赋予了“向来我属性”。一旦死亡把自我彻底还原为自我，它就立刻成为自我的核心。一旦自我被掏空了所有属性，即偶然、现实的自我的基础，那么就无事可做了，剩下的唯有宣布令人遗憾的真理：自我必须死；因为它已经死了。于是“死亡在”这个句子的强调重点是死亡“存在”。对《存在与时间》的本体论而言，死亡的不可替代性变成了主体性本身的本质特征：这一事实决定了本真性学说的所有其他方面，本真性学说不仅有其规范，也拥有死亡的理想。死亡是此在的本质环节。[①]一旦思想回归到绝对孤立的个体性——尽管是回归它的基础——那么，除了有死性，思想就不知道别的东西了。其他一切都是从世界推演而来的，对于海德格尔来说，就像对一切唯心主义者来说那样，它们是第二性的。“随着死亡，此在本身面临着他最本己的存在可能性。”[②]死亡成了上帝的代表，《存在与时间》的海德格尔似乎觉得他自己和上帝相比过于现代了。至于思考一下消除死亡的可能性，他也觉得过于亵渎了。向着作为生存的死亡的“向死存在”是跟纯粹本体的（纯属纸上谈兵！）消除死亡的可能性完全分离的。既然死亡——作为此在的存在视域——被认为是绝对的，那么它就成了一种值得崇拜

---

① 海德格尔，《存在与时间》，第276–277页。另参见阿道夫·施滕伯格（Adolf Sternberger）1932年对《存在与时间》的批判，载于他的博士论文《领会死亡》（*Der Verstandene Tod*，Grafenhainichen, 1933）。

② 海德格尔，《存在与时间》，第288页。“随着死亡，此在本身在其最本己的能在中悬临于自身之前。”

的绝对。这里存在着崇拜死亡的退化，因而黑话从一开始就和军事和睦相处。今天，霍克海默对一位海德格尔的女粉丝的回答仍一如既往地有效。女粉丝说，起码海德格尔终于把人再次置于死亡面前；霍克海默答复说，鲁登道夫在这方面可要比海德格尔出色得多。死亡和此在被等量齐观；死亡成了纯粹的同一性，就像存在绝对不能发生在别人身上，只能是自己的。此在的分析迅速滑向了死亡和存在之间最直接和微不足道的方面，即它们的非同一性；死亡毁灭了此在，因此确实否定了此在。尽管如此，此在的分析没有去掉这种鸡毛蒜皮："死亡是此在之绝对不可能性的可能性。"[①] 韦德金德的《春天的苏醒》里的体育教师就是这么说话的。作为有死者的"此在"的普遍性取代了终有一死者。死亡被调遣到本真的位置；在本体论上，此在是"与众不同的"[②]，它始终如此。分析判断成了鲁莽的哲学命题，空洞的普遍性成了概念中的特殊要素——给死亡这种"特殊的中断"颁发了勋章。先前，"本体论上的意义缺失"这一文化史的经验激发了海德格尔的哲学运思；但是现在，这种缺失，这种不可避免的盲目性，恰恰成为海德格尔的死亡理论的缺失。这样一来，他的思想就产生了那种空洞性：只要敲打一下黑话，黑话就会发出回响。同语反复和虚无主义结成了神圣同盟。死亡仅仅被体验为无意义的事，据说那就是死亡体验的意义所在。既然死亡构成了此在的本质，那么它就是此在的意义。现在已经无法重现的黑格尔的形而上学——它有一个在否定的总体性之中的肯定的绝对——在海德格尔这里被内化为一个没有维度的点。在这一建构中，黑格尔的"制造毁灭的狂暴"[③]被缩减为无中介的

① 海德格尔，《存在与时间》，第 288 页。"死亡是完完全全的此在之不可能性的可能性。"

② 海德格尔，《存在与时间》，第 288 页。

③ 黑格尔，《精神现象学》下册。

“毁灭的神正论”。

通过历史，同一性思维变成了致命的东西，吞噬一切的东西。同一性实际上总是来自总体性；作为无规定的点的“一”和同样无规定的“全一”（因为它没有任何自身之外的规定）本身是一回事。在海德格尔那里，像唯心主义一样，总体被理解为是一个绝不容忍任何身外之物的东西。任何越总体性之雷池一步的蛛丝马迹——无论它在世界的哪一个遥远偏僻的角落里——都不为总体性所容忍，就像任何想在法西斯主义面前坚持独立性的人那样不可容忍。因此，海德格尔的本体论渴望消除一切事实性。事实性会让同一性原则成为谎言，不再具有概念的性质，而无所不能的概念恰恰想要抹掉“它是一个概念”这一事实。独裁者监禁那些称他们为独裁者的人。然而，严格地与自身同一的那种同一性将消灭它自身。如果它不再向对立面进发，如果它不再是某物的同一性，那么它就像黑格尔看到的那样，一无是处。因此总体性也是海德格尔对死亡的评论的运动原理。它们适用于总体性，总体总是预先地构成其部分[①]；海德格尔的先驱舍勒已经把总体从格式塔心理学移植到形而上学，而总体起初并没有那么自命不凡。在法西斯主义之前的德国，总体是所有反对 19 世纪的狂热派的格言，他们认为 19 世纪过时了，应彻底消灭。攻击尤其针对精神分析，它代表了整个启蒙。在那些年，在《存在与时间》第 1 版问世前后，“总体对部分的优先性”学说让所有辩护派兴奋不已，就像今天它让黑话的行家里手们感到兴奋。海德格尔直接和公开地重复了那时候流行的思想习惯的观点。哲学的任务是描述总体，这一观点对海德格尔来说就像构造体系的义务对于以前的唯心主义者那样：“于是就出现一项

① 海德格尔有时也蔑视地提及其他作者的总体性概念，但至少为了证明他自己的概念的优越性。

任务：把此在作为整体置于先有之中。这却意味着，必须首先把这一存在者的整体存在可能性当作问题提出来。只要此在存在，在此在中就有某些此在能够成为并将成为的东西是亏欠此在的。而‘终结’本身就属于这一亏欠。在世的终结就是死亡。这一属于存在可能性（亦即属于此在）的终结，限制和规定了此在的向来就可能的整体性。”[①]这一思维模式是格式塔理论的“好格式塔”：理解了内在与外在的一致性的先驱被“命定的意识”毁掉了。反过来，携带着它的观念也有了科学分工的烙印，而它本身的反机械论态度恰恰是抨击科学分工的。在那一态度中，个人的内在性仍然原封未动，与社会无关。据说，主体和周围世界之间是否存在圆满的统一性，完全取决于主体。它只能是总体，因为它非反思地将自身设定为对立于现实的东西。因此，适应，社会的顺从，就是总体范畴的目标了，哪怕总体显得如此人类学或者本体论。打着人的旗号，黑话将一种先验的黑帮性施加于主体。通过这一黑帮性，真正的问题就被遮蔽了：现实（即使人想要成为总体本身，他们也不得不直接面对现实）是否值得人赞同？到头来，这一异质的现实是不是恰恰否定了人的总体性？总体的理想实际上是不是巩固了对人的压迫，并不断加深着无权力者的碎片化？作为总体状况的表达，人的原子化也是真理。问题在于改变现状并改变真理，而不是维持现状并否认真理，还倒打一耙，将真理归咎于那些认识到真理的人“对存在的遗忘”。格式塔的结构先于一切思想的构成，这一发现似乎证明了上帝在实验室里，并让人为此窃喜：这种乐观主义让海德格尔有点不爽。但是海德格尔的不爽隐藏得很深，藏在一个不经意间非常可笑的反问句里：从死亡的观点看来，我们还能谈论总

① 海德格尔，《存在与时间》，第 269 页。

体吗？对直接先行发现的、客观的结构性的这一观点恰恰在他需要的时候到来了。借助一种权宜的思想建构，他将无质疑地接受总体的义务和我们对破碎（字面意思）生活的经验连接起来了。这是表达不可动摇的严肃所需要的经验。这正是此在的破碎，他说——完全符合他机械地坚持的（哈哈！）黑格尔的图式。据说，死亡将会把这一破碎变成一个总体。此在的终结，即死亡，作为此在的原则包围着此在。既然否定是禁忌（无论与否定如何眉来眼去），海德格尔就把过去当作他的目标。假如哲学还能证明此在的结构的话，那么此在对哲学来说将同时是两件事：破碎和总体，与自身的同一和非同一——那当然会使人走向辩证法，并突破向壁虚造的此在本体论。但是在海德格尔这里，多亏了那一学说，他比其他任何地方都更典型地将作为本质的“否定”直接地、非辩证地变为“肯定”。他将科学的心理学范围内的总体学说传入了哲学；破碎的存在者和爱利亚学派的和谐存在之间的对立被悄悄地算作机械思维的罪过——始作俑者是亚里士多德。这一思维应予“克服”——作为被不停地反复宣告的最可疑的表达之一——是海德格尔一点儿也不怀疑的。对他而言，这种态度有着现代和超时间的双重光环。20 世纪 20 年代的非理性主义的谄媚语言胡扯什么“身体和灵魂的统一”。存在的要素与其总体之间的联系应当是人在现实生活中的意义——就像在艺术中那样；用一种青年运动的风格，审美地慰藉着无慰藉的经验世界。可以肯定，海德格尔对死亡的分析仅仅满足于将总体范畴运用于此在的总体，而不是运用于个人。借来的心理学的总体理论已经偿还付清了：其语言特征是放弃任何因果论证，这一放弃将所谓总体性移出了自然，而将它变为存在的先验性。因为这一先验性其实并不存在，它并不像康德那样超越了经验的可能性，而是让经验本身似乎是无中介、不可转化的，就像面对面看着自身那样意识到自身。一种虚构的与现象的身体接触助长了这一反智主义。控制未解体的现象的这一荣耀奠基于某种判断的声称：拆解的思——而不是社会结构——将世界分解为物性碎片。与哲学行业的统治规则相符，这里仍然谈论着分析；但是这一行业已经宁可再也不做分析了。

八

《存在与时间》的核心章讨论的是“此在之可能的整体存在，向死存在”[①]。问题提出来了，但我们马上可以看到，仅仅是设问——“作为生存者的存在者能否达到其整体存在？”[②] 显然，“存在者的可能的整体存在”是和在本体论上被归结为“操心”的自我保存相矛盾的[③]。海德格尔在本体论上将操心规定为“构成此在的结构整体之整体性的东西”[④]，在这里，通过把个人的存在转换为此在，亦即一种他随后急于解蔽的总体性，总体性已经被规定了，但他没有停留于此。海德格尔的内在性已经可以预见到他后来非常自信地宣告的东西：有死性的事实并未先验地排除人的生命在总体中圆满结束的可能性，就像《圣经》和史诗中说的那样。海德格尔被迫努力地将存在的总体性建基于一个无可辩驳的事实之上：今天，个人的生命确实没有总体性[⑤]。罔顾历史经验，总体性仍继续存在。为了这个目的，海德格尔理论所奔向的“存在者的整体存在”——黑话“关怀”就从中出现了——得到了首肯：“包含着一种始终亏欠的东西”[⑥]，并将它区别于单纯累积的存在

① 海德格尔，《存在与时间》，第 271 页。

② 海德格尔，《存在与时间》，第 271 页。

③ 海德格尔，《存在与时间》，第 272 页。

④ 海德格尔，《存在与时间》，第 271 页。

⑤ 参见 Benjamin, *Schriften I*, p.xxii.

⑥ 海德格尔，《存在与时间》，第 279 页

者。据说前者是“上手事物的存在方式”[1]，这种生存的整体性完全对立于从经验的个人生活中提升出来的总体性。“存在者的齐全，亦即此在‘在其行程中’直至‘终其行程’所完成的齐全，并不是由存在者本身已经以随便什么方式‘在某个地方拿到手’的那些片段‘陆陆续续’构成的。此在并不是在它的‘尚未’被充满之时才齐全的，完全相反，到那时此在恰恰不再存在了。恰恰相反，此在总是这样生存的：它的‘尚未’是属于它的。”[2]这仅仅适用于已经被当作一体思考的有死性和此在概念。就此而言，这是海德格尔哲学的前提。对于本体论者而言，整体存在不是现实生活的全部内容的统一性，而在性质上是第三方的东西；因此不应当在生活中寻找某种和谐、清晰、连续的统一性，而应当在限制生命、取消生命及其整体性的那个点上寻找这种统一性。作为非存在，或者说，作为自成一类的存在，生命之外的这个点依然是本体论的。“但是这种不齐全就属于这样一种齐全的模式：作为亏欠，这种缺失根本不能从本体论上规定属于此在的那一‘尚未’，即此在可能的死亡。此在这种存在者根本不具有某种世内上手事物的存在方式。”[3]罔顾事实，死亡成了整体性的本体论基础。因此它成为那种碎片性之中的赋予意义者——按照本体论的拓扑学，碎片性是晚期工业时代的原子化意识的特征。这符合一种海德格尔并未质疑的思想习惯，即把结构总体直接等同于它本身的意义，哪怕这个意义是否定一切意义。因此，死亡，此在的否定，就决定性地配备上了存在的特征。既然死亡是此在的本体论要素，因此单单死亡本身就足以给予存在以一种总体性的尊严。“死作为此在的终结乃是

---

① 海德格尔，《存在与时间》，第 279 页。

② 海德格尔，《存在与时间》，第 279-280 页。

③ 海德格尔，《存在与时间》，第 279 页。

此在最本己的、无所关联的、确知的、而作为其本身则不确定的、不可逾越的可能性。”[①] 就这样，海德格尔对他自己开头的设问句做出了否定的回答；提出问题只是为了说不：“在本体论上把此在的尚未不适当地解释为亏欠，并由此从形式上推论出此在的非整体性，都是不正确的。从先行于自身中取出的尚未现象与操心的结构一样，根本不是反对某种可能的生存整体存在的证据。其实这一先行于自身才第一次让那种向终结存在成为可能。如果作为此在的基本建构的操心和这一存在者的最终可能性——死亡‘联系起来’了，那么，我们自己向来所是的那一存在者的可能的整体存在问题就言之成理了。”在本体论上，存在通过死亡成为总体性，而死亡在本体论上中断了此在。无论如何，死亡是本真的，因为它远离了常人，而反过来，常人的存在根据在于“死亡不可代理”这一事实。海德格尔将所有可以设想的对死亡的现实态度都批判为常人的表现。按照他的判决书，只有常人才把死亡“当作一种经常发生的事态来谈论”。因此他把他本真的死亡选了出来，这是一种极端现实的东西，同时又超出了一切事实性。既然死亡不可代理，那么它就像纯粹的“这个此”那样是“非概念”的。否则，其概念将先于它并成为它的代理，就像任何概念与其内涵的关系中那样。同样，海德格尔挥霍着事实性，这就使他能够谈论死亡所代表的不可能性。其理由在于死亡作为一个普遍概念指称着所有人的死亡，而不是个人的死亡。作为事件的死亡，即实际上的死亡，不是本真的死亡。于是本体论的死亡并没有那么恐怖。“日常共处的公众意见把死亡认作不断摆到眼前的事件，即死亡事件。这个或那个亲近的人或疏远的人死了。每天每时都有不相识的人们死着。死

① 海德格尔，《存在与时间》，第 297 页。

亡被遭遇为一个熟知的、世内的摆到眼前的事件。作为这样一种事件，死亡保持着日常遭遇的事件的那种不引人注目的特征。常人已经备好了对这一事件的解释。无论他们公开谈论它，还是遮遮掩掩地谈论它，都仿佛在说：人终有一死，但是现在自己还没碰上。”[①]他急于区分作为事件的死亡和本真的死亡，但他没有借助诡辩：“对‘有人死了’这句话的分析将明确无误地揭示出日常的向死存在的存在方式。在这类谈论中，死亡被理解为某种不确定的东西，最主要的是这种东西必定要从某个所在到来，但是当下对某一个自己来说还是尚未现成的，因此还是毫无威胁的。有人死了，表达了一种看法，似乎是死亡碰到了常人。公众的死亡解释之所以说‘有人死了’，是因为每一个他人和他自己都能这样说服自己：反正不是我；因为这里的常人其实是无人。”[②]死亡碰到了常人，这种解释忽视、歪曲了所谈论的真理，是站不住脚的。这里已经预设了海德格尔的存在主义前提，其黑暗的一面总是常人；而这里的真理是如下事实：死亡是一个普遍的规定，它把他人的自我也理解为自己。如果有人说“有人死了”，他最好委婉地把自己也包括在内。无论如何，海德格尔所批判的“死亡的推迟”确实在发生着：说话的人实际上是还能活着的人，否则他开不了口。此外，海德格尔提出的这种论证必然发生在蠢话的领域，因此使得本真性成为谎言——本真性就像哲学家的石头那样，凝固在蠢话的领域。如果有什么适合常人的，那么就是这样一种赞成和反对。就语言的用法而论，在海德格尔那里评价不高的“不本已地归属于任何人”[③]的“事件”肯定属于某个人，也就是说，它属于死去的人。只有

① 海德格尔，《存在与时间》，第 290 页。

② 海德格尔，《存在与时间》，第 290–291 页。

③ 海德格尔，《存在与时间》，第 291 页。

一种诡辩的哲学才会承认“我的”死亡在本体论上优先于其他任何人的死亡。在情感上，别人的死亡也比自己的死亡更容易被体验到。叔本华的《作为意志和表象的世界》第四篇注意到了这个事实：“在人和在不思维的动物一样，都有一种内在的意识：意识着他即自然，即是世界本身。从这一意识中所产生的安全感，在人和动物都是常态而占着压倒的优势。因为有这一安全感，所以没有一个人在想到必然要来的、为期也决不太远的死亡时，就会怎么显著地使他不安；反而是每一个人都是这么活下去，好象他必须永远活下去似的。人们这样活下去，竟至于没有一个人对于自己必死的真确性真有一种鲜明活现的深信，否则这个人的情绪同判处极刑的罪犯的情绪就不能有这么大的区别；而是每人固然在抽象的一般性中，在理论上承认死的必然性，可是他这种必然性和实际上无法应用的其他理论上的真理一样看待，放在一边，而不怎么把它放到自己现前的意识中去。”① 对海德格尔来说，常人成为一种晦暗不明的要素混合物，这些要素不过是交换关系的意识形态产物罢了。这一混合物中包含了悼词和讣告的市场幻象，包含了一种不认同他人却将自身等同于他人的“人性”，它打破了抽象自我的魔咒，却又在其中介里承认了它。对哲学可疑地称为“主体间性”的那一地带的总判决，希望用未物化的、源始的主体来克服物化意识。其实主体并不比任何其他东西更直接和更源始一些。海德格尔的关键句子以下列方式出现：“死是此在的最本己的可能性。向这一可能性存在，就为此在开展出它的最本己的能在，在这种能在中，一切都为的是此在的存在。在这一能在中，此在就能看清楚，此在在它自身的这一与众不同的可能性中脱离了常人。也就是说，任何先行

① Arthur Schopenhauer, *Sämtliche Werke in fünf Bänden, Grossherzog Wilhelm Ernst-Ausgabe* (Leipzig, n.d.), Vol. I: *Die Welt als Wille und Vorstellung*, p.376.

着的此在都总是已经脱离了常人的。”[①] 死亡成为有死者的本质。这是对立于直接性的，后者是已经在那里的事实的特征。于是死亡被人为地变成某种超越了存在者的东西。死亡把人从常人那里解救出来了，它是与常人对立的崇高；它成为本真的。本真性即死亡。个人在死亡中的孤独，亦即他的“无所关联状态把此在个别化到它本身上来”[②] 这一事实，成为自一性的基础。这种自我之上的总体成了对自我最表面的确证；它成了自我弃绝中的抵抗之原型。事实上，最抽象的自一性就是只晓得说“我，我，我”的咬牙切齿，因此它和死亡中的自我是一样虚无的。但是海德格尔的语言把这一否定的要素鼓吹为实质的东西。这是黑话的形式把戏的内容模板。海德格尔的学说不自觉地成为对一个烂笑话的注解：“死亡是免费的，它只要你的命。”他咀嚼着死亡，似乎死亡完全消灭了普遍的交换关系。他没有意识到，他仍然和被他提炼为“常人”的交换关系一样，陷在死循环里。死亡绝对外在于主体，所以死亡是一切物化的模型。只有意识形态才赞扬死亡能治愈交换。这一意识形态把交换贬谪为更令人绝望的永恒形式，而不是让交换实现自身，从而消灭交换本身。对海德格尔来说，此在并不足以证明自身的合法性，因为它的历史形式是可耻的。它只有通过它的毁灭，它本身就是的毁灭，才能证明自己。这种态度的最高格言是说“就这样”，说人不得不“服从”——实证主义则说：“适应”。这是“人必须服从现状”的悲惨戒律。这甚至不是真的服从，因为此在根本没有选择。正因为如此，死亡和此在的对立是本体论上的。如果可以把一种使意识形态接近于零的极限值的思想叫作非意识形态的，那么就可以说海德格尔的思想是非意识形态的。但是他的操作仍然是

① 海德格尔，《存在与时间》，第 302 页。

② 海德格尔，《存在与时间》，第 290 页。

意识形态的，因为他声称他恢复了此在的意义。这发生在今天对意识形态终结的时髦谈论之后，这种谈论明里鞭挞着意识形态，但其实暗度陈仓，意在真理。

当海德格尔说“常人不允许畏惧死亡的勇气表现出来”，他实际上揭露了意识形态的某些要素，例如企图把死亡整合到对死亡并无管辖权的社会内在性之中。类似的表述可以在伊夫林·沃的讽刺作品《至爱》中看到。海德格尔的某些叙述很接近于对死亡的排除机制。“诱惑、安定和异化标识着沉沦的存在方式。”作为沉沦，日常的向死存在是“在死面前的一种持续的逃遁”[①]。异化指认了一种社会关系，哪怕是和死亡的关系。虔诚信仰的人和制度在商业上再生产出了忘掉不得不恐惧之事的无意识愿望。对于以下观点来说，基本本体论及其术语手册是可有可无的：“常人以这种方式提供了对死亡的持续的安定作用。说到底，这种安定作用不仅是对临终者的，也是对那些安慰者的。在发生死亡的情况下，公众意见还不让这一事件搅扰他们自身的安定，不让自己的漠然被扰乱。他人的死亡经常被视为给社会带来的不便，甚至心照不宣地成为公众应当戒备森严之事。”[②]易卜生笔下的巴拉克法官几乎用同样的口吻对海达·高布乐的自杀下了结论：“人们不做那种事。”海德格尔虽然不想和心理学有任何关系，却看穿了整合死亡的心理机制的反动性。他亲自以心理学的方式做到了这一点。信息已经编码于《存在与时间》之中：“凭借这种在死面前的沉沦和逃遁，此在的日常状态就证明了连常人本身也已经被规定为向死存在了，哪怕它并不明确地想到死亡。即使在平均的日常状态里，这一最本己的、无所关联的、不可逾越的能在也始终成为此在的本旨，

① 海德格尔，《存在与时间》，第 292 页。

② 海德格尔，《存在与时间》，第 291 页。

哪怕它操心的仅仅是如何对最极端的生存可能性保持无动于衷。"[①] 尽管如此，他并未走远。海德格尔无法让我们察觉和重视体现在"今朝有酒今朝醉"和那种愚蠢的老生常谈"终有一死但暂时尚未"[②] 中的绝望，尽管他明确鄙视这一压抑了绝望的老生常谈。对排除死亡的抗议将在对自由主义意识形态的批判中拥有一席之地：那一批判将让我们回想起被文化否定的自然性——作为统治，文化误认为自己是和自然对立的东西。相反，海德格尔干了和法西斯主义同样的事；他为更纯粹的自然性形式辩护，反对经过中介的、更升华的自然性形式。海德格尔用非理性的向死存在反对非理性的排除死亡。有可能设想一种社会状况，在其中，人们不再排除死亡，并且能够在体验死亡的时候不再恐惧。在恐惧中体验死亡，是一种纯粹的自然状态，而海德格尔的学说以超自然主义的语言将其永恒化了。死亡之所以被排除，是因为自我保存的盲目冲动；其恐怖也被排除了。在不被扭曲、不被禁止的生活中，亦即在人们不再被骗走他们自身的那一生活中，人们或许不再需要徒劳地希望生活终将给予人们迄今为止它拒绝给予的东西。同样，人们将不再需要如此恐惧他们会失去生命，无论这一恐惧如何深埋在他们心底。人排除死亡这一事实，并不能推论出死亡本身是本真的。至少海德格尔是这么做的，毕竟他很谨慎地没有把本真性赋予那些不闪避死亡的人。

海德格尔亲自用一种哲学的口误（弗洛伊德意义上的口误）定义了死亡的本体论化：就其确定性而言，死亡是一种高于其他现象的质性。"前面描述过一种日常的现身情态，那就是貌似并不为死亡感到焦虑和恐惧，其实焦虑和操心的是保持对死亡这一确知'事实'的优

① 海德格尔，《存在与时间》，第 292 页。

② 海德格尔，《存在与时间》，第 293 页。

越感。在这一现身情态中，日常状态承认有一个比经验的确定性‘更高’的确定性。”[①] 这个“更高”，尽管打了引号，却具有一种坦率的证明力：理论批准了死亡。本真性的黑帮犯下了他指控常人（低劣的常人）的罪行。通过死亡的本真性，他似乎逃脱了死亡。无论宣称比经验确定性更高的是什么，这一态度都错误地涤除了动物般的死亡中的悲惨和恶臭——这一清洗和瓦格纳的“爱的死亡”或“得到救赎的死亡”如出一辙。这一切都类似于将死亡整合到卫生学之中，而海德格尔指控那一整合为非本真的。通过在本真性死亡的高度风格化中缄口不言的东西，海德格尔成了死亡的恐怖性的同谋。哪怕是解剖室的犬儒主义的唯物主义，也要比本体论的大放厥词更诚实地承认这种恐怖性，从而在客观上更有力地否定了这一恐怖性。本体论的核心不过是一种超经验的确定性，即死亡是此在的命中注定的存在。不被经验触及的纯洁性渐渐变成一种非比喻意义上的纯洁性：没有被尘土所玷污的纯洁性，然而无论如何也不能把死亡理解为纯洁的。它也不是什么确定无疑的东西。否则，宗教承诺的所有救赎都只不过是存在的遗忘罢了。无论如何，它们已经是多余的了。低等的有机体的死亡并不具有高等的个体的死亡那样的意义。就我们正在发展的对有机过程的可能控制而言，我们没有更多的理由认定死亡就一定不会被消除。死亡的消除大概不太可能发生，却是可以思考的，然而生存论的本体论甚至不允许这种思想。断言死亡在本体论上的高贵，这种拔高已经被任何能够在本体论上（用海德格尔的语言说）改变死亡的可能性化为乌有。既然海德格尔消除了宗教大法官可能会叫作萌芽的希望，那么本真性就为所有那些人代言——他们一听到了那种可能性，就重弹老

① 海德格尔，《存在与时间》，第 296 页。

调，说没有什么比消除死亡更糟糕的了。有理由相信，那些人是黑话的专家。对死亡的永恒性的热情延长了视死亡为威胁的习惯用法。就政治层面而言，死亡是战争之不可避免性的广告宣传。康德曾把不朽归并到理念之中，他没有让自己下降到那一深度：除了证明过于熟悉的事情，其他东西都无法生长。如果海德格尔从无机物过渡到生命，那么他对死亡的存在视域就会被彻底改变。他的哲学，以及一切随之泛起的东西，乃至德国的存在信仰的最后残余，都将在这一过渡中不堪一击。对存在者的那一理解，敦促存在者上升为存在的那一理解，要靠对死亡的顺从才能滋生。在这一死亡的形而上学中，资产阶级社会生来就自我谴责的全部邪恶就要大难临头了：这是它们自身的运动过程。

"先行"（即本真的向死存在）的学说，"在生存上预先拿取整个此在的可能性，也就是说，就有了作为整个能在来生存的可能性"[①]，把向死存在不想成为却不得不成为的事情变成了一种工作：如果要说出什么不只是同语反复的话，那就只能说它是坚持。尽管这一坚持和人终有一死的事实之间的区别语焉不详，这一坚持却有望获得尊严，因为它无言地接受了这一必然性，并且毫无反思。"这种先行却不像非本真的向死存在那样闪避死亡这一不可逾越的事实，相反，先行从这一事实中获得自由，因为它接受了事实。通过先行而从自身的死亡中解放出来，这就把此在从丧失在偶然地拥挤着各种可能性的情况中解放出来：这种解放使此在第一次本真地领会并选择那些并非不可逾越的可能性。先行揭示了存在的最终可能性在于放弃自身，因此粉碎了僵固于任何已达到的生存的所有情形。"[②] 海德格尔的话很少像上面

① 海德格尔，《存在与时间》，第 303 页。
② 海德格尔，《存在与时间》，第 303 页。

的最后一句话那样包含着如此多的真理。人把自身设想为自然，同时意味着对自我保存原则的批判反思：真正的生活将是不再强调“僵固于任何已达到的生存”的生活。然而，在海德格尔的死亡学说中，从此在外推出这样一种行为方式，把它作为此在的实定意义。他确认自我弃绝是自我的典范，他浪费了他知悉的洞见。弃绝成了一种执拗，它把自我的消解变成了一种顽固的斯多葛主义的自我设定。通过无情的同一化，通过把自我的消解等同于自我，自我成为否定原则的绝对设定。海德格尔用来解释向死存在的所有范畴都和执拗有关：死亡的可能性是要“保持”[①]的。应当和统治，和顽固划清界限的东西却把统治推向了极致。对海德格尔来说，最本真的主体莫过于能经受极端痛苦的自我。即使是他拿来和自我的强硬进行对比的要素也携带着对自我的统治的语言学痕迹：他称之为“隔断”[②]。此在——主体——实际上等同于死亡，向死存在则成为主体，纯粹的意志。本体论的决断不能问为何而死。最终结论是由一个无动于衷的自我说出口的。“这一与众不同的、在此在本身之中由其良知加以见证的、本真的展开状态，这一缄默的、时刻准备畏的、向着最本己的罪责存在的自我筹划，我们称之为决心。”[③]畏惧的勇气才是真正的、非意识形态的生活，只要这一勇气不再被不得不畏惧的东西瓦解。

本真性的黑话是作为语言的意识形态，无须考虑任何具体的内容。它断言海德格尔给死亡装扮上的那种尊严姿态是有意义的。尊严也是唯心主义性质的。从前，主体一度认为在自己对自身的自由意识中有种小小的神性，有一种立法的权威。这些主题被海德格尔式的尊

① 海德格尔，《存在与时间》，第 300 页。

② 海德格尔，《存在与时间》，第 302 页。

③ 海德格尔，《存在与时间》，第 339 页。

严连根拔除了："除非存在之恩宠通过与存在本身相关联的敞开可能性而把贫困的高贵允诺给人，而只有在此贫困的高贵中，牺牲的自由才遮蔽着存在的本质之宝藏，否则人怎么可能找到源初的谢恩形式呢？牺牲是在通向对存在之恩宠的维护的进程中对存在者的告别。承认，牺牲可以在存在者那里的劳作和成就中得到准备，但这样的行动永远达不到牺牲。牺牲的实现源自历史的人的行动产生的迫切性——本质性的思想也是一种行动——通过这些活动，人就保存了为维护存在之尊严所要求的此在。这一迫切性是一种镇静，它不允许自己去扰乱对每一种牺牲的告别性本质的隐蔽的期备。牺牲在居有事件的本质中安如居家。居有事件的存在，为了存在的真理而耗费着人。因此牺牲不能容忍任何计算。计算总是把牺牲降格为一种目的或无目的性，无论目的是崇高或卑微。这种计算扭曲了牺牲的本质。对目的的追求模糊了牺牲的勇气的清晰性，它是以敬畏为标志的，这种牺牲的勇气奢望与不可摧毁者比邻而居。"[①] 在这些句子中，尊严扮演的角色是存在的尊严，而不是人的尊严。这些句子的庄严性和世俗化葬礼的庄严性的区别仅仅在于它对非理性的牺牲的热情。当参加战斗的飞行员把一个城市炸成废墟之后返航，并且喝香槟祝那些未能返航的人身体健康时，大概就是用这种方式讲话的。尊严从来只不过是一种渴望超越自我保存的态度。造物模仿着造物主。在尊严中，一个封建社会的范畴被中介了，这样一来，资产阶级社会就在等级制度死后追认了它的合法性。资产阶级社会总是有欺骗倾向：正如在节庆的场合，到场的官员代表充分表现出来的那样，他们全是按照预先规定的做派装腔作势。海德格尔的尊严仍然是这样一种借来的意识形态的影子。至少能

① 海德格尔，《形而上学是什么？》后记，可参见《路标》，第 362–363 页。

够在毕达哥拉斯的要求——他是好国家的好公民——中找到其尊严的主体，已经被取代了。他的尊严已经让位于主体能够声称的“他终将和其他人一样死去”这一事实本身带来的尊敬。在这里，海德格尔无意间成了民主派。认同不可避免之事是这一安慰哲学给人的唯一安慰：这是最后的认同。自我的自我设定，是以不惜牺牲别人而保存自己的生命为荣的，而通过消灭生命的死亡，这一过时的原理被赋予了更高的价值。曾经是通往不朽的大门，现在被海德格尔哲学关上了。相反，这一哲学向大门的权力和深度致敬。虚空成了堂奥：永恒狂喜中的存在之秘密居于无数缄默的事物之上。沉默寡言的人往往不太可能说出他们的内在深度是否——像他们愿意让人相信的那样——在看到任何亵渎之物时颤栗，以及他们的冷酷对任何事情说的话是否都像事物对他们说的那样少。剩下的只有虔诚，而在更人道的情形中，剩下的是失去亲人的那些人的绝望的情绪波动。在最糟糕的情形中，它是用神意和神恩的思想赞美死亡的约定俗成，哪怕是在神学已经式微之后。这就是被语言利用的东西，并成为本真性的黑话的模板。它对格调的高贵化，是对死亡之世俗化的一种反动的反应。语言想要抓住逃遁的东西，却既不相信它，也不命名它。赤裸裸的死亡成了这样的言谈的意义——否则，只有先验的东西才具有这种意义。错误的赋予意义，指妄为真，指无为有，构成了语言的谬论。于是，青年运动想要通过抽象的否定来为他们觉得无意义的生活赋予意义。它那奇思怪想的宣言铭刻在尼采的新布告牌上。晚期资产阶级的此在再也不能自觉地搞出这种东西来了。因此意义被扔给了死亡。晚期易卜生的戏剧以自由地实现的“生活的自我毁灭”作为结尾，而生活已经陷入了习俗的迷宫。这种自我毁灭是行动的必然的暴力结局，仿佛是行动的圆满完成一般。然而它已经非常接近于无神论的火葬的净化了的死亡。

但是戏剧形式无法解除这一行动的徒劳性质。自我毁灭对主体的慰藉意义其实在客观上并没有安慰作用。最后的结论是悲剧性的讽刺。个人与社会相比越是弱小，他就越是无法冷静地意识到自己的无能为力。他不得不膨胀为自我，这一自我的无用性将它自身设定为本真的东西，亦即存在。现在有一种不自觉的对海德格尔的戏仿讽刺，有一位作者一本接一本地出版着诸如《直面虚无》《直面存在》之类的书。但是不能因为这种戏仿而责备该作者。要谴责的是原型，它认为自己要优越于这些拙劣模仿。海德格尔也不过是用存在的一种较高级的准备性分析来面对虚无。海德格尔的腔调在席勒对尊严的讨论中就有其先声。席勒视之为某种自我隔绝，或者说是一种固守。“如果我们有很多机会观察戏剧和舞会上感人的优美，那么也就有机会研究政治家的内阁和学者（尤其是大学里）的书房中的感人的尊严。真正的尊严愿意阻止情感的主宰，将冲动控制在适当的范围内，只有在不自愿的活动中才假装它是主宰；虚假的尊严则用铁的权杖统治着，甚至在自愿的行动中也是如此，它压抑了对真正的尊严而言极为神圣的道德行动，也压抑了感性的活动，并破坏了灵魂在面部表情中的一切模仿游戏。它不仅对反叛的自然兵戎相见，甚至对服从的自然也严加防范，并且荒唐地在征服自然中寻求其伟大，而在它不能遂愿的地方，则将自然掩藏起来。就像它曾赌咒发誓要以一切自然的东西为死敌一样，它用长长的、打着许多褶子的衣服裹住身体，把人体的结构掩藏起来；它肢解了四肢，让它们额外负担着无用的装饰；它甚至剪掉长长的头发，用人工制品来代替这一天赐的礼物。真正的尊严并不为自然而羞愧，只为未开化的自然而羞愧；它总是坦率和开朗的；感情浮现在面容上，精神的冷静和严肃在眉宇间一看便知。与之相反，虚假的庄严将尊严写在脸上，它是封闭而神秘的，并且以演员的谨慎守卫着表情。面部的所有肌肉都备受折磨，所有自然的、真实的表情都消失了，整个人就像一封密封的信。但是虚假的尊严对表情的模仿游戏严加管束，并不总是错误的，因为有可能不小心泄露出不想表现出来的东西，而真正的尊严对此不够小心警惕。真正的尊严只想统治自然，而不想掩盖自然；相反，在虚假的尊严中，自然在内部更有力地统治着，因为自然在外部是被控制的。”[①] 如果一个康德的拥趸，相信他的大师对代价和尊严的分离，那么他仍然可以认为这是值得追求的东西。因此，伟大的作者没有完全看到他接近的结论。这就是：尊严自身中就包含着其堕落的形式。当知识分子成为他们并不拥有而且应当抵抗的那一权力的同谋，事实就很清楚了。康德式的尊严最终沦为本真性的黑话。随之而来的是一种人性，其概念不是从自我反思来的，而是来自与被压抑的动物性的差异。

---

① Friedrich von Schiller, *Sämtliche Werke* (Stuttgart, 1818), "Über Anmut und Würde," Vol. VIII, pt. I, pp.96ff.

后记

作者原想把《本真性的黑话》作为《否定的辩证法》的一部分，不过他最终将该文本从那一著作中拿出去了。这不仅是因为其篇幅与其他部分不相称，还因为其中的语言面相学和社会学的成分与写作计划的其余部分不相配。对学术分工的抵抗，要求的是对这一分工进行反思，而不是仅仅置之不理。《黑话》的意图和主题当然都是哲学的。只要哲学还保持着自身的品格，它就是有内容的。如果退回到纯粹哲学的理想，哲学就会取消它自身。这一思想只在当时还没写完的那本书里得到阐发，而《黑话》从这一观点出发，却没有充分论述这一基础。因此它先出版了，作为某种准备工作。

正因为作者抱着对分工的敬意，所以他同时就更大胆地挑战这一分工。他可能会被指控犯有哲学、社会学和美学的诱拐罪，而没有按照传统方式将这三个范畴分开，甚至将它们混为一谈。他的答辩是：这种要求将分门别类的科学对秩序的需要投射在对象上，然后宣称它是对象提出来的要求。作者更倾向于把自己托付给对象，而不是像中学校长那样，为了一种外在的规范而过分简化处理对象。这一态度恰恰是由以下事实决定的：哲学的各个主题要素是相互交缠在一起的。通常的方法论理想会破坏这种密切的统一。通过主题材料的这种统一，作者本人的努力的统一性也就更加清楚了。比方说，作者的哲学文章与《不协和音》里的“音乐家批判”一文之间的统一性。语言的坏形式给人的感觉，以及对它的社会学解释，是从语言内容的虚假性中推断出来的：这是它隐含的哲学。

这就造成了不快。雅斯贝斯的段落和海德格尔的思想团块被放在一起讨论，并且用一种语言学的方式讨论，中学校长们恐怕会恼火地拒绝这样的处理方式吧。然而《黑话》的文本中包含了足够多的证据——来自真正取之不尽的财富——足以证明那些人用同样的方式写作：他们蔑视他们的较为低等的追随者，以此证明自己的高人一等。他们的哲学命题表明了黑话滋养的东西，也表明了黑话的间接暗示的力量。德国哲学在20世纪下半叶的宏图大略，具体而清晰地描述出该时代的客观精神所指的方向。这种精神一如既往，因此直至今天仍然说着黑话。只有对这些哲学蓝图进行批判，才能客观地衡量回荡在粗鄙的黑话中的谎言。粗鄙的黑话的面相学走向了在海德格尔那里自我暴露出来的东西。

崇高成了低俗的伪装，这并不新鲜。这正是可能的牺牲品上当的原因。然而，崇高的意识形态若不被人漠视，也不再承认自己的合法性。表明这一事实，可能会有助于防止一种意识形态批判，这种批判拘泥于对意识形态的时髦的、不负责任的怀疑，从而也沦为意识形态。当代德意志意识形态很小心地不宣扬任何确定的学说，比如自由主义学说乃至精英主义的学说。意识形态变成了语言。社会变迁和人类的变迁导致了这一转变，尽管遮遮掩掩。这样的语言其实就是意识形态，即具有社会必然性的假象：这一事实可以从内部观察得出。这很明显地表现在它的“怎么样”与它的“是什么”之间的矛盾中。黑话用它的客观不可能性反作用于语言的迫在眉睫的不可能性。语言把自己交给了市场，交给了废话，交给了占统治地位的粗鄙。另一方面，语言向着法官的板凳奋勇前进，把自己封装在法袍里，从而断言了自身的特权。黑话是快乐的综合，并使它炸裂。

表明这一点，将产生实践上的后果。黑话在今天的德国似乎势不可挡，但它色厉内荏。事实上，黑话成为一种关于自身的意识形态，一旦认识到这一事实，意识形态也就完蛋了。如果黑话最终在德国沉寂下来，那么其部分原因恐怕是怀疑论（本身是偏见）得到了早熟的、无根据的赞扬。把黑话当作一种权力工具——或者说，将公众形象建立在黑话的社会心理学效应之上——的利益攸关方，将永远不会放弃黑话。有一些人会觉得黑话令人尴尬。即使是信仰权威的拥趸们，一旦他们察觉他们仰仗的权威外强中干，也会为这种荒谬而害臊。就历史而言，黑话是适合近年来的德国的虚假形式。正因为如此，人们可以在对黑话的具体否定中发现真理，那是一种拒绝以肯定形式表述的真理。

本书第一部分的某些部分曾发表在《新圆形舞台》1963 年第 3 期上，现已重新整合到文本之中。

1967 年 6 月

图书在版编目（CIP）数据

本真性的黑话：评德意志意识形态 /（德）特奥多·阿多尔诺著；夏凡译 .—杭州：浙江大学出版社，2021.8

ISBN 978-7-308-21551-0

Ⅰ. ①本… Ⅱ. ①特… ②夏… Ⅲ. ①海德格尔（Heidegger，Martin 1889—1976）—哲学思想—思想评论 Ⅳ. ① B516.54

中国版本图书馆 CIP 数据核字（2021）第 130155 号

本真性的黑话：评德意志意识形态

［德］特奥多·阿多尔诺 著 夏凡 译

责任编辑 伏健强
责任校对 闻晓虹
装帧设计 祁晓茵
出版发行 浙江大学出版社
（杭州天目山路148号 邮政编码310007）
（网址：http:// www.zjupress.com）
排　　版 北京楠竹文化发展有限公司
印　　刷 河北华商印刷有限公司
开　　本 635mm × 965mm 1/16
印　　张 8
字　　数 96千
版 印 次 2021年8月第1版 2021年8月第1次印刷
书　　号 ISBN 978-7-308-21551-0
定　　价 48.00元

浙江大学出版社市场运营中心联系方式：（0571）88925591；http://zjdxcbs.tmall.com